中华五千年文明图说丛书

◎ 刘建美 编著

衣食住行与风俗

山西人民出版社

　　几千年来，在我们这个光荣而又古老的国度里，华夏各族人民在不停地繁衍、生息、劳动、创造。日出日落，月圆月缺，花开花谢，燕子来去，春种秋收，在飞逝的时光里，先民们创造了辉煌灿烂的文化，潜移默化地形成了各式各样的风俗习惯。这种文化风俗，首先体现在人们生活所必不可少而又习以为常的衣食住行之中。

　　最初，我们的祖先如野兽一般，没有羞耻和爱美之心，赤身裸体，以皮毛为衣。在风吹日晒的天气里，在荆棘遍地的原野上，他们在采摘果实和射猎野兽的劳动中，不知不觉地产生了保护肌体的需要。他们将随手可得的树叶和兽皮裹缚于身，于是便产生了最原始的"服装"。在草衣兽皮中，美的意识悄悄地走进人类的生活，而骨针的出现又为服饰的发展创造了起码的条件，人类终于可以按照自己的意愿制作衣装了。时光流逝，服饰由简朴到华丽，由单调到复杂，将人类生活装点得绚烂多彩。但是，自从有了贫富和等级之分后，衣冠服饰的作用逐渐发生偏移，由原来的护体、审美向"严内外，辨亲疏"的等级制方向迅速发展，服装与礼序、人伦挂起钩来。从此，服装便正式被纳入政治轨道，成了"分尊卑、别贵贱"的工具。王朝频繁更迭，衣饰无穷变幻，但是几千年不变的仍是帝王官卿和庶民百姓服饰的等级差别。

　　人类从诞生之日起，便离不开吃。最初的先民们以树叶、果实和猎物充饥，过着茹毛饮血的生活。火的发明，带来了烤肉飘香，是人类饮食史上的一次革命。此后，在对美酒佳肴的争夺中，在宴饮乐舞的痴狂中，烹饪理论和饮食礼仪诞生，饮食被提高到品德和政治的高度。几千年来，难以尽数的菜谱，各种饮食品类、烹调手法、饮食礼俗，以及由饮食产生的哲学、艺术乃至神话传说，构成了中华民族丰富的饮食文化。小小餐桌，展示出一个五彩缤纷的大千世界。

华夏先民们最初居无定所，露宿荒野，苍穹为屋，大地为床，和一般动物并无区别。在风雨交加、严寒暴晒、猛兽侵袭中，人们本能地开始了对居住方式的选择，由此产生了最原始的居住方式：穴居和巢居。进而，他们将居所改进为筑室而居和构房搭屋。人类的社会需求和阶级的分化催生了村落和城市，从此，居住开始等级化。人们对住所的要求也由最初的遮风挡雨演变为安全、舒适、美观。几千年来，繁华的古都几经沉浮，但王公贵族依旧住在宏伟的殿堂里，庭院深深，门禁重重；平民百姓则住在简陋的民宅里，鸡犬相闻，夜不闭户。立身的方寸之间，显示出华夏悠久的历史和灿烂的文明。

我们的祖先从站立起来的那一天起，就开始不停地在大地上奔走。斗转星移，寒来暑往，人们从昨天走到今天，从远古走向未来。鲁迅曾说过：世上本没有路，走的人多了，也便成了路。路，意味着交通。行走的经常性和社会性，最终导致了交通的出现、交通工具的诞生和交通体系的确立与完善。中国古代水陆交通四通八达，从飞架秦岭的栈道到星罗棋布的河湖舟楫，从沟通中西的丝绸之路到远系海外的海上丝路。随着阶级的出现和分化，道路和交通工具被贴上了等级贵贱的标签。各色路人车奔马驰，轿来辇往，沙漠驼铃，长河孤帆，在神色匆匆和步履蹒跚间创造了丰富的行路文化。

从草衣兽皮到绚丽多姿的霓裳羽衣，从茹毛饮血到色香俱全的珍馐玉馔，从凿穴筑巢到美轮美奂的雕梁画栋，从肩扛背负到日新月异的车马舟桥。千百年来，衣食住行的变革和进步，将中华文明的历史装点得色彩斑斓。它凝聚着人们对美好生活的追求与向往，代表着中华文明的无穷魅力。但同时，在衣食住行的历史流变中，尊卑有序的礼仪规定、男女有别的清规戒律、崇神拜鬼的宗教迷信、铺张侈靡的陈规陋俗，也不断融入其中，进而成为古老文化的一部分。它磨灭着民族的锐气，麻醉着人们的心灵，束缚着人们的思想。尽管如此，古老文化中的糟粕仍泯灭不了华夏文明的灿烂光辉。

先人们的衣食住行蕴涵着丰富的文化和智慧，并且代代相传而成风俗，渗透到中国人的意识深处。千百年来，古人的生活已经化为历史陈迹，但其遗留的风俗却又不时在今人的生活中显现灵光。在纷繁文化的表象背后，如何留住民族文化的记忆和痕迹呢？

让我们走进古人的生活，再现古人的衣食住行，重拾远逝的文化风俗，继承和发展中华民族的传统文化。

目 录

第一章 草衣兽皮、茹毛饮血的年代

在地老天荒的远古时代,我们的祖先开始慢慢走出动物的巢窠向着人类进化。在这过程中, 他们首先从衣食住行中探索并创造了中华文明的起源,因此,原始社会人们衣食住行的特点是原始、野蛮、古朴。

一、从草衣兽皮中诞生了美

服饰是人类生活的重要形式和内容,是护身和审美相结合的产物。

在原始社会, 由于生产力水平低下, 为获取食物, 原始人共同从事狩猎、采集等劳动。在此过程中, 为了抵御来自自然界和野兽的侵袭, 原始人类遂产生了遮掩身体的要求, 他们将唾手可得的树叶、草藤和兽皮裹在身上。由此, 原始服饰产生了。《礼记·王制》的文字记载让我们依稀看到了华夏民族最早的衣饰:"东方曰夷, 被发文身, 有不火食者矣; 南方曰蛮, 雕题交趾, 有不火食者矣; 西方曰戎, 被发衣皮, 有不粒食者矣; 北方曰狄, 衣羽毛穴居, 有不粒食者矣。"这种完全为了生存需要而以树草、兽皮、羽毛遮身的装束, 就是人类服饰的雏形。

穿草衣兽皮的原始人

进入旧石器时代后, 人类在与大自然的斗争中不断改进生产工具。在这种情况下, 原始人开始使用石制锐器, 并且逐渐掌握了割裂兽皮的原始技术。人们可以根据不同的需要进行制作, 从而结束了以树叶为衣的生活。人类终于向文明跨出了重要的一步。但是, 仅仅将不规则的兽皮分割成所需要的形状披于身体上, 还

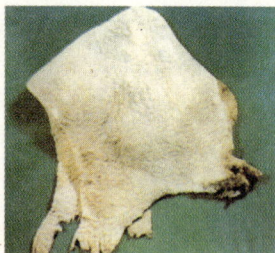
上古时期的皮帽，反映了原始人用兽皮作为服饰。

北京山顶洞人遗址发现的磨制骨针

湖北省京山县屈家岭出土的新石器时代的彩陶纺轮

远远不能满足实际的需要，他们迫切希望将已裁好的兽皮，用一种工具连缀起来，这就促成了骨针的发明。我国发现的第一根骨针是考古工作者于1933年在北京周口店山顶洞人遗址中发掘的。这根骨针的发现，证明了我们的祖先远在一万八千年前便已经能用骨针缝制衣服了。

到了母系氏族社会时期，人类开始掌握原始的纺织技术，纺织品也相应出现。据《礼记》记载："昔者先王未有宫室……未有麻丝，衣其羽皮。后圣有作……治其麻丝，以为布帛。"意思是说，在太古时期，人们包括首领都没有宫室，没有丝麻之衣，只能以野兽之皮为衣。后来有了贤人，发明并掌握了纺织麻丝的技术后，才制成布帛，裁制衣装。关于纺织技术的发明，有神农氏"身自耕，妻亲织"的传说。到了新石器时代，考古学家们在湖北省京山县发现了彩陶制的纺轮。纺轮的出现，标志着当时制作衣饰的原材料已经不仅仅局限于兽皮了，而是开始采用某些植物纤维，利用纺织技术织布做衣了。不过，这时的植物纤维还是以野生的麻、葛为主。原始纺织品的出现，不仅标志着人类社会向文明前进了一大步，而且为中国古代服饰文化的形成打下了基础。

到了父系氏族社会时期，纺织技术有了提高，麻、葛织品的经纬密度已达到较高的水平。更为重要的是，这一时期，我们的祖先学会了养蚕、丝织。关于养蚕的来源，有各种各样的传说，其中最美丽动人的是马头娘的故事。相传，古代有一个女孩，父亲外出不在家。她十分想念父亲，就对家里的马说："如果你能把父亲接回来，我就嫁给你。"马听后，立即挣脱缰绳跑了，一直跑到女孩父亲所在的地方，找到他后，咬住他的衣服就向家拖。女孩的父亲十分奇怪，以为家里出了大事，立刻骑马赶回。回家后，女孩述说了这一切，父亲也没当回事。可是，从

马头娘，传说中的"蚕神"。

此以后，只要马见到女孩，就又吼又闹。女孩十分害怕，告诉了父亲。父亲遂将马杀死，剥下皮来晾晒。不料，有一天，当女孩从马皮旁边经过时，马皮突然飞起来，把女孩卷走，飞向远方。人们大为惊骇，四处寻找，等在远方找到女孩时，却发现她已变成了一条头部像马的虫子，从嘴里不断地吐出丝来，恰似将无穷无尽的悔恨留给人间。从此，人们把蚕称作"马头娘"，而将马头娘供奉为"蚕神"。据传，黄帝战胜蚩尤后，"蚕神"亲自把她吐的丝献给黄帝。黄帝见了这美丽而神奇的精灵，大为赞赏，并叫人把丝织成绢，黄帝的臣子伯余又用绢做成了衣裳。于是，黄帝的妻子嫘祖把蚕宝宝养育起来，人们也纷纷仿效，蚕种由此孳生繁衍，采桑、养蚕、织布也就成了古代妇女的专业。由此，嫘祖成了养蚕的始祖。据考古发现，在浙江吴兴钱山漾遗址出土的4700多年以前的丝织品残片，是迄今为止世界上发现最早丝织品实物。马头娘的传说和丝织品的发现，证明我国是世界上最早养蚕和缫丝制绢的国家。养蚕及丝织品的出现，对古代服饰的发展无疑产生了深远的影响，并对以后服饰的进步起到了其他纺织品原料无法替代的特殊作用，更为我国成为世界上公认的衣冠王国提供了物质佐证。

原始社会，服饰经历了从无到有、从粗劣到精致的发展过程。具体到衣服的发明，据《淮南子·氾论训》记载："伯余之初作衣也，缕麻索缕，手经指挂，其成犹网罗。"这里，将黄帝时期的大臣伯余说成是人类历史上最早制造衣服的人，而且还将织布的工序描述得十分具体。此外，还有"黄帝、尧、舜垂衣裳而天下治，盖取诸乾坤"的传说，将衣裳的发明与天下的取得联系起来，同时也表明这时的服饰具有了上衣下裳的基本特征，即衣专指上衣，裳专指下裳，是一种长裙，而不是裤子。

原始社会良渚文化遗址
出土的透雕神人纹冠状玉饰

辽宁省建平县牛河梁出土
的新石器时代的猪龙形玉饰

原始社会的鞋形承座容器，
反映出当时已有成形的鞋。

人类在选择衣着防护身体的同时，也产生了遮羞辨性和美化自身的要求。追求美和以艺术的形式来表现美，是人类文明的又一大进步，它标志着人类精神文明的历史从这里开始起步。

人类最初对美的追求是从服饰开始的。山顶洞人遗址中就发现了大量人工制造的简单装饰品，如穿孔的兽牙、石珠、石坠、海蚶壳等。后来，陕西、山东、四川、内蒙古等地的出土文物表明，简单装饰品的形状越来越规范、精致，并且分化成不同的种类，如耳饰、项链、戒指、手镯、头饰等。装饰品的材料也越来越丰富，如石料、玉、宝石、蚌壳、贝、象牙、骨、硬木等。这些丰富多彩的饰物表现了古代人类心目中五彩缤纷的美感世界，反映出原始人灵魂深处对美的本能渴求。

对发式的修剪和改变，是人类装饰自己的又一重要方面。早期人类所留的是非常随意的下垂发式。随着社会的发展，发式也有了很大变化。首先是披发，这是早期人类流行的发型。如甘肃出土的一件人形彩陶瓶，瓶口是人头形，人头发式为经过认真修剪过的齐眉后垂式短发，造型非常生动。其次是辫发，这是在披发基础上发展起来的一种发型。如青海出土的彩绘陶盆上的多个人物形象，均是辫式发型。再次是发髻，这是发式中更加复杂的一种。其特点是将头发梳理后，盘于头部的一定位置，形成不同的造型，再用发笄穿插固定。从各个时期文化遗址发掘出的大量发笄，可推测当时发髻的普遍流行。此外，当时还有绘面、文身等人体装饰。人类自身多种多样的装饰方法，表现出他们原始美的观念是强烈而普遍的。

新石器时代
的串珠颈饰

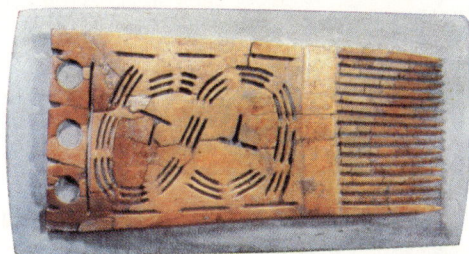

山东大汶口遗址出土的
新石器时代的象牙梳

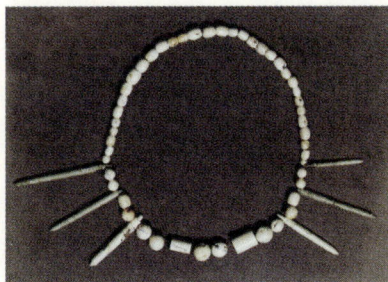

安徽亳县傅
庄出土的新石器
时代的骨笄

甘肃省秦安
县出土的新石器
时代的人形彩陶
瓶。陶瓶上的彩
画反映了当时人
们的头部装扮，
两耳有耳穿，额
披刘海儿。

青海柳湾出土的彩
绘人像陶壶。陶壶上的
彩画是原始社会"披发
覆面"的妇女形象。

衣食住行与风俗

二、从茹毛饮血到烤肉飘香

北京人取火烤食物的场景

饮食，是人类生存的首要物质基础。人类最初的饮食方式，和一般动物无大的区别。旧石器时代前期，由于生产力水平的限制，原始人类利用粗糙的石器来狩猎，并采集植物的果实和茎叶充饥。据史书记载："有巢氏生，俾人居巢穴，积鸟兽之肉，聚草木之实。天下九头咸归有巢。"从饮食的角度看，有巢氏教人猎取禽兽的肉、采集草木的果实作为食物，人们拥戴他当领袖。可见，有巢氏时代，人们吃的是生肉、生果，喝的是禽兽的血和溪涧里的生水。关于那个时代的情况，古文献记载："未有火化，食草木之实、鸟兽之肉，饮其血，茹其毛。"远古的先民们在漫长的岁月里，过着茹毛饮血的生活。

火的发明和使用，结束了人类社会蒙昧时代的低级阶段。关于火的使用，原始人经历了一个漫长的过程。人类最早使用的是天然火。人类最初见到雷击等造成的天然火时，避而远之。但当大火熄灭之后，他们在恐惧中感觉到了火的温暖，有时也捡食被火烧烤过的动物和坚果，从而品尝到了熟食的香味。后来，又经过无数次惊险的尝试和失败，原始人终于懂得利用自然火，并控制火种，从而走上了获取熟食的道路。关于火的发明，史书上说："上古之世……民食果、蔬、蚌、

史前文化遗址出土的石磨棒，
是我国史前食物加工工具之一。

浙江余姚河姆渡出土的新石器时代的人工
栽培稻谷。这是中国目前发现的最早的稻谷遗
存，也是世界上已知的最古老的人工栽培稻。

蛤，腥臊恶臭而伤害腹胃，民多疾病。有圣人作钻燧取火，以化腥、臊，而民悦之，使王天下。号之曰'燧人氏'。"燧人氏发明人工取火，还有一段有趣的传说。据说上古时候，在西方荒远的地方，有一个不见天日的遂明国，在这个国家里有一棵大树叫"遂木"。有一个漫游天下的人来到遂木下休息，看见树丛中有闪闪火光。经仔细考察，他发现是一些大鸟用喙啄树干发出的火光。他突然领悟到取火的方法，于是把遂木的枝条攀折下来，用小枝去钻大枝，果然有火光发出，从而得到了真正的火。这个聪明的人把钻木取火的方法教给百姓，从而大大扩大了火的用途。后来，为纪念钻木取火的发明者，人们把他称为"燧人"，燧人就是"取火者"的意思。燧人氏发明人工取火，反映了原始人从利用自然火到人工取火的历史。我国考古工作者发现，属于旧石器时代的周口店遗址、蓝田猿人遗址乃至距今 170 万年以前的元谋人遗址，都有原始人保存火种和用火的遗迹。火的发明，不仅为生活在饥饿、寒冷与黑暗中的原始人带来了光明和温暖，而且使人们告别了茹毛饮血的生活方式，为人们带来了烤肉飘香，是人类饮食史上的一次革命。

虽然那时人们已懂得用火来获取熟食，但烹制食物的方法仍十分原始和笨拙。烹肉的方法，一是把肉架在火上直接熏烤；二是用泥巴包起来，投入火中烧熟后再剥去泥皮来吃，这种方法叫"炮"；三是把肉块放在盛水的石臼里，另将许多小石子用火烧热，陆续投入水中，直到把食物烫熟为止。这就是传说中所谓的"火上燔肉"、"石上燔谷"的"石烹时代"。但无论如何，火的使用，不仅使人们吃到了熟食，减少了肠胃疾病，有利于人体消化吸收，促进了人们体质、智力的发展，

神农氏。传说神农氏发明农具，教人们种植，因之被后世奉为"农神"。

同时还为后来人们的制陶、冶金等提供了必要的条件。

到了新石器时代，人类在生产实践中创造了三项划时代的发明：种植、养殖和制陶。这三项发明直接推动了人类饮食文明的大踏步前进。

掌握人工取火后，原始人惊奇地发现，在烧荒的空地上，被丢弃的植物根茎和瓜果瓢籽能长出新苗，他们还认识到草木灰对植物生长有肥效。两者相结合，便有了最初的种植业。种植业出现后，随着人口的增加，需要一种生产周期短和产量高的粮食作物。大约在一万年前，我们的祖先终于从狗尾草的籽实中，选出第一种粮食作物，这就是小米。随着种植业的发展，后来又出现了大麦、小麦、水稻、高粱等粮食作物以及各种蔬菜和水果。黄河流域和长江流域的许多古代遗址中就发现了大量的粮食作物、蔬菜和水果的遗迹。中国古代将种植业的发明归功于神农氏。传说上古时代有一只红鸟，嘴里衔着一株九穗的禾苗飞过天空，穗上的谷粒坠落在地上，神农氏便把它们拾起来种在田间，以后便长成又高又大的谷子。人们吃了这种谷子不但可以充饥，还可以长生不老。这个传说意味着神农氏时代人们已学会把野生的谷物进行人工种植。《白虎通义》记载："古之人，皆食禽兽肉。至于神农，人民众多，禽兽不足。于是神农因天之时，分地之利，制耒耜，教民农作。"就是说，在禽兽不足以维持人们的生活时，神农氏发明了农具，教人们根据天时地利进行种植，使谷物成为主要的生活来源。神农氏也因此被后世奉为"农神"。

随着种植业的发展和狩猎工具的改进，原始人的食物有时会出现剩余。在食物比较充裕时，人们有时并不急于杀死捕获的动物，而让它们存活，以备需要之时食用。野生动物经过长期驯化繁育，逐渐演化为家畜，养殖业就这样不知不觉

陕西西安半坡村出土的彩陶人面鱼纹盆，反映了捕鱼业在当时生活中的地位。

陕西西安半坡村出土的原始捕鱼用的骨制渔钩、渔叉。

浙江余姚河姆渡新石器文化遗址出土的猪纹黑陶长圆形钵，反映了当时畜牧业的发展。

地产生了。人们最初饲养的家畜是猪。到新石器时代，传统的六畜即马、牛、羊、鸡、犬、豕都已饲养。与此同时，渔猎依然是人们重要的食物来源。在畜养和渔业方面，据传伏羲氏有两大贡献：一是教人结网捕鱼，开创了渔业；二是驯养牲畜，创立了畜牧业。结网的发明，开创了捕捉鱼类的新途径，使人们的食源从陆地发展到水上；畜牧业的创立，将野兽驯养起来繁殖，使人们的肉食来源有了保证。

陶器的发明，则是人类改造自然、制造生活用具的开端。原始人最初发现用火烧过的黏土能变成一块硬泥片，不会再渗散开来。于是，他们试着在用荆条编织的筐子周围抹上厚厚的泥浆，风干后，放进火堆里烧，最后荆条化成灰，一个陶罐就出现在眼前。从此，人类开始了使用陶器的新纪元。随着制陶业的迅速发展，新石器时代出现了大量的陶制炊具和食具，如釜、鼎、鬲、甑等。陶器的出现，不仅为人们储存谷物提供了条件，改变了以往"饥则求食，多则弃余"的习惯，更重要的是促进了烹饪方法的改进，大大地丰富了人们的饮食生活。传说，"黄帝始蒸谷为饭，烹谷为粥"，并且"黄帝作灶，死为灶神"。可见，"陶灶"这种既节省原料，又能集中火力促使食物快熟的炊具，可能产生于黄帝时代。有了陶制的炊具和食具后，才有可能使用蒸、炖、煮、煎、熬等烹饪技法，烹制出羹、饭、粥等多种精美的食品，同时为后来的酿酒、制酱、制醋、腌菜等提供了条件。

此外，黄帝时代人们已经懂得制盐和用盐来调味。传说，黄帝发明了煮海水为盐。盐的出现，是人

手捧八卦盘的人为伏羲氏。传说他教人结网、捕鱼、狩猎，还是八卦的创始人。

浙江余姚河姆渡出土的新石器时代的陶炊
具，表明原始人已使用炊煮的专用灶具。

湖南澧县出土的新石器时代的刻画栉纹陶釜

类饮食史上的又一大飞跃。在此之前，有"烹"而无"调"。有盐之后，"烹调"的概念才得以完整。盐，不仅使食物的味道更加香美，而且更有益于人体健康。随着饮食业的发展，到原始社会末期，我国黄河流域、长江流域、辽河流域、珠江流域已是遍地炊烟、饭香四溢了。

三、由露宿荒野到凿穴筑巢

华夏先民的最初居住形态，是居无定所、露宿荒野，和一般动物并无区别。

在旧石器时代，在人类进化的漫长岁月里，原始人为了躲避猛兽和风雨的袭击，本能地开始了对居住方式的选择。相传，尧舜时期，洪水泛滥，人们不得不居住在树上或洞穴里。《孟子·滕文公》曰："当尧之时，水逆行，泛滥于中国，蛇龙居之，民无所定，下者为巢，上者为营窟。"另据《淮南子·本经训》记载："舜之时，共工振滔洪水……民皆上丘陵，赴树木。"由此，人类产生了最原始的居住方式：自然的穴居和巢居。

随着社会的进步，原始人的居住方式由天然的洞穴和树巢，向人工构木为巢和穴居建屋方向发展。由于常年积累的生活经验，住在树上的原始人懂得了只要去掉那些不需要的枝杈，在树枝空当处补进一些枝干和茎叶等，就可以改善树上的栖身环境。对栖身的自然山洞，只要将敞开的洞口略加掩盖，对洞内的乱石略加整理，就可以改善洞内的栖身环境。久而久之，根据这些生活经验，原始人萌发了营造房屋的想法，由此产生了原始建筑的最初形式：人工的穴居和巢居。这

北京周口店龙骨山最大的洞穴，是北京人生活居住的地方。

也是中国古代建筑的穿斗结构和土木混合结构的两个主要渊源。关于房屋的发明，史书中记载："上古之世，人民少而禽兽众，人民不胜禽兽虫蛇。有圣人作，构木为巢，以避群害，而民悦之，使王天下，号之曰'有巢氏'。"可见，古人将房屋的发明归功于有巢氏。

到新石器时代，人们的居住方式产生了飞跃。其表现为：一是从原始的凿穴而居演进为筑室而居，二是由原始的构木为巢发展到建房搭屋。

在华夏北方地区，取之不尽的黄土和满山遍野的草木，为先民们实现由穴居到筑室提供了得天独厚的条件。原始人根据居住自然山洞的经验，首先学会了在黄土地带的台地断崖上横向挖洞，即成横穴。横穴不断改进，延续至今，成为黄土地带广大居民喜爱居住的窑洞。随着生活经验的积累，在没有台地断崖的黄土地带，原始人就向地下挖一个袋形竖穴。为遮挡风雨，后来又在竖穴的开口处加了一个活动顶盖，这顶盖就是屋顶的萌芽。这种竖穴又逐渐发展成为半地穴屋。半地穴屋有墙壁和屋顶，是今天房屋的雏形。在南方，茂密的树林和湿润的气候，促使先民们将居所由独木橧巢发展

北方半地穴圆形房屋复原图

鸟巢演变为房屋的过程中，母系氏族社会中最常见的圆形尖顶房屋模型。

河姆渡遗址干阑式房屋复原图

仰韶文化时
期母系氏族村落
复原图

到干阑式房屋。独木檑巢就是在一棵树上构架一座居巢，干阑式房屋就是将居住面悬架在桩柱上的吊脚式房屋。独木檑由于把居巢局限于一棵树上，构架空间很小，活动余地有限。为改进居住条件，人们将单株树上的居巢发展为多株树上的居巢，乃至到没有树的地方也模拟立4个大木桩架屋。这样，干阑式房屋终于形成。

关于原始人的居住情况，《礼记》中记载："昔者先王未有宫室，冬则居营窟，夏则居檑巢……后圣有作，然后修火之利，范金，合土，以为台榭宫室牖户。"这反映了原始人居住历史的发展。到新石器时代，无论南方还是北方，都普遍脱离了穴居和巢居状态。对此，史书中记载："舜作室，筑墙茨屋，辟地树谷，令民皆知去岩穴，各有家室。"这时，人们开始建造房屋，过着定居的生活。

在此基础上，随着生产工具的改进，原始畜牧业和农业得到发展。到母系氏族社会时期，人们以血缘为纽带、以氏族为单位聚居在一起，形成原始的村落。原始村落有明显的分区，一般分为生活区、制陶区和墓葬区。村落的中心是进行公共活动的"大房子"，"大房子"是氏族成员集会和举行仪式的场所，也是最受尊敬的氏族首领和老年人居住的地方。"大房子"是村落里规模最大、质量最好的建筑，也是村

陕西西安半坡氏族房屋遗址

云南沧源新石器时代的原始村落岩画。表现了原始部落取得战争胜利后，满载战利品归来，在村落附近杀牲、祭祀的场面。

落里最突出的建筑。在村落里，还有储藏东西的窖穴、饲养家畜的圈栏、制造陶器的作坊等生活设施。已发掘的半坡遗址就是典型的原始村落。

值得一提的是，这时，原始人的房屋内已有了家具的雏形和简单的室内装饰。他们的房内有灶炕，可用来炊事、取暖和照明。灶炕四周有灶圈，有的灶炕旁有灶台。有的房内还有高出居住面的平台，即土床，土床上涂抹着经火烤后的草泥。有的墙壁还相当讲究，装饰有涂抹而成的各种几何图案。这反映了原始人在实用和美观的基础上已开始制造家具。

四、行路难，难于上青天

人类区别于动物的根本标志之一是直立行走。我们的祖先从站立起来的那一天起，就开始不停地在大地上奔走。斗转星移，寒来暑往，人们从昨天走到今天，从远古走向未来。在神色匆匆和步履蹒跚间，先民们创造了行路文化。

人类行走，首先产生了路。在原始社会，由于自然灾害、部族械斗、流行疫病以及抛荒耕作等原因，常常引起氏族迁徙。人们在较大规模的迁移过程中，不断开辟着通往各地的道路。原始社会末期，随着原始农业、畜牧业和手工业的发展，各氏族内有了一定的剩余产品。但同时，他们又需要一些自己不能生产而其他氏族却有剩余的产品。这样，便产生了以物易物及专门用于产品交换的"市"。有研究者认为，原始集市也是催生道路的重要原因。此外，据考古发现，在黄河流域和长江流域，随着原始村落的形成、人们之间交往的增加，村与村之间已有了纵横交错的道路遗迹。正如鲁迅所说：世上本没有路，走的人多了，也便成了路。可见，人口迁移是道路的基本成因。

如果说，氏族的迁徙和交流促进了道路的产生，那么原始社会末期各部落联盟间大规模的兼并战争则促进了道路的发展。黄河中游的黄帝轩辕氏与黄河下游的炎帝神农氏曾经发生过三次大战，黄帝还与华北的蚩尤展开过激战。据记载，黄帝一生"披山通道，未尝宁居"，他率领的军队"迁徙往来无常处，以师兵为营卫"。战争过程中，军队的调动和物资的运输，都需要相对通畅的道路。

到尧、舜、禹时期，各地交通有了明显的进步。我国已经有了可以行驶牛车和马车的古老道路。《尚书·舜典》讲了这样一个故事：尧年纪大了，经过反复考察，选择舜为自己的接班人，并将帝位禅让给了他。舜即位后办的第一件大事就是"辟四门，达四聪"，"明通四方耳目"，二月巡泰山，五月去衡山，八月访华山，十一月到恒山。可见舜对发展交通、开辟道路是非常重视的。禹的事业，也是从"随山刊木，奠高山大川"入手的，修好路后，其足迹遍布黄河、长江流域。

交通工具是人类行走或运物能力的一种补充和延展，是人类行走能力和交通水平的重要"显示器"。

原始社会初期，人们靠步行来活动，并且试图到达较远的地方。《山海经》记载的"夸父追日"就是当时交通情况的反映："夸父与日逐走，入日，渴，欲得饮，饮于河、渭；河、渭不足，北饮大泽，未至，道渴而死。弃其杖，化为邓林。"可见，夸父以步行而追日，而夸父手中的"杖"则是古书记载的最早的交通工具。原始人在长途

《夸父追日》。《山海经》说，有个叫夸父的神人，为了征服太阳，一路追赶它，直至口渴而死。这则神话反映出古人徒步探索大自然奥秘的牺牲精神。

云南沧源新石器时代岩画中的《牵牛图》，反映了牲畜已为人类所用。

云南沧源新石器时代岩画中的《舞蹈牧放战争图》，反映了牲畜在战争和生活中的用途。

跋涉时借助于随手可得的木棍作拐杖，是顺理成章的事。随着人们认识能力的提高，棍棒的作用进一步扩大，人们从手提、肩扛、背负物品，发展到用木棍挑物品。

进入畜牧时代后，某些野兽经过驯化成为家畜，供人役使，家畜便成了人类的重要运输工具，由此人类开始了畜力运输。原始社会的畜力有鹿、牛、马等。这些家畜有的用于驮负物品，有的用于骑乘。畜力运输大大节省了人的体力，但由于家畜的局限，运送物品的数量有限，运送的时间也不能太长。

随着社会生产力的发展，另一种重要的运输工具"橇"产生了。橇是一种在泥地上使用的平底无轮的木板，类似今天的滑雪车和冰车。后来，人们在搬运较重的物品时，往往在橇的木板底下安放圆木，以滚动代替滑动，于是人类发明了车。利用驯养的动物作运载工具，是比较简单的方法，而机械工具的发明和车辆的制作，则成为人类交通运输中的一个重要里程碑。

中国是世界上最早使用车的国家之一。关于车的发明者，史书上有多种记载。《古今图书集成·车舆部》说："横木为轩，直木为辕，以尊太上，故号曰轩辕氏。"把黄帝的姓氏与车联系起来，说明黄帝发明了车。关于黄帝时代的车，从传说中可见一斑。传说黄帝到西泰山会合天下的鬼神，他坐在大象挽的宝车里，毕方鸟给他驾车，六条蛟龙跟随在他身后，一群虎狼在前面开路，凤凰在天空飞舞，腾

15

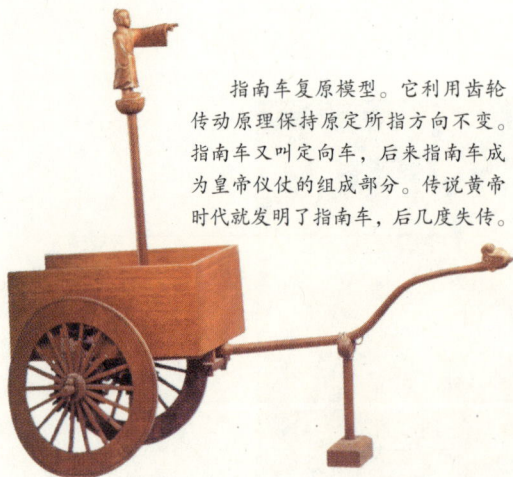

指南车复原模型。它利用齿轮传动原理保持原定所指方向不变。指南车又叫定向车，后来指南车成为皇帝仪仗的组成部分。传说黄帝时代就发明了指南车，后几度失传。

两马牵拉的商代战车模型。先秦时期的兵车，一般为独辕两轮，初为两马牵拉，后演变为一车四马。

蛇伏窜在地上，车上的黄帝是多么威武！另据传，黄帝部落和九黎部落首领蚩尤曾在涿鹿发生了一场激战，激战中突然大雾弥漫，使人不知东西南北。为了辨别方向，黄帝的一个部下发明了"指南车"，车子的前面有一个铁制的小仙人，伸出手臂指向正南方。靠着这辆车子的指引，黄帝统率军队冲出大雾的重围，最终打败了蚩尤。此外，古书上还有"乘杜作乘马"、"奚仲作车"等记载。无论是黄帝、乘杜还是奚仲，大体可以判定在原始社会末期、奴隶社会初期，我们的祖先就发明了车。

人类自从发明了车后，对车的动力和部件的改进就从没有停止过，各种车辆相继出现。我国最早的车是独辕车，有一个辕，两个车轮，方形或长方形车厢，长毂。独辕车最巧妙之处是将辕的前端揉曲，称之为辀。揉曲的辀，可以使车身平正，人可平坐平卧，货不下滑，这是我国古代工匠的杰作。独辕车发明后，最早是人力挽拉的，后来才改用畜力。据记载："黄帝作车，任重致远。少昊时略加牛，禹时奚仲驾马。"可见，当时已用牛、马拉车。

陆上交通靠车马，水上交通靠舟船。新石器时代，先民们就发明了最早的水上交通工具——筏子。原始人在与水打交道的过程中逐渐认识到，树叶、树枝、中空的树干和葫芦等落在水里可以漂起来，人抓住这些东西，就

黄帝像

可以漂浮过河。由此，有了乘器具漂浮涉水的记载。如"利涉大川，乘木有功也"，意思是骑着大木头有利于过大河；"燧人氏以匏济水"，意思是燧人氏曾抱着葫芦过河。木头虽能浮人，但人们发现单片的木头浮力小，人浮在上面很不安全，如果把几根木头捆扎起来，浮力就会更大，人浮在上面会更稳当。这样，木筏就产生了。受木筏的启示，人们又相继制成了竹筏、草筏和羊皮筏等。

独木舟是最原始的水上交通工具之一，因时代久远，人们已很难看到原始社会的独木舟实物。图为湖北江陵西汉墓出土的独木舟。

在筏子的基础上，原始人又制造出我国最早的船只——独木舟。原始人在使用筏子的过程中发现，空心木浮力大，而实心木容易沉；人坐在实心木上身体和水面接触，衣物容易被浸湿，而坐在空心木上，就避免了水浸衣物。这样，独木舟就产生了。

至于独木舟的发明者，史书中有"共鼓、货狄造舟"、"伏羲氏刳木为舟，剡木为楫"、"番禺始作舟"、"虞姁作舟"等记载。关于独木舟的发明，民间流传最广的是大禹造舟的美丽传说。相传在上古的尧舜时代，洪水滔滔，淹没了大片田地，吞噬了无数人的生命。禹的父亲鲧接受了帝尧的命令，治水9年，因用堵塞的办法，治水毫无成效而被杀。后禹又接受舜的命令负责治水，他吸取前人的经验教训，采取疏导的办法治理。为了指挥治水，禹需要一只大型的独木舟。他听说四川梓潼山上有一棵特大的梓树，直径达3米多，就带着木匠去伐。树神知道后，化成一个童子阻止他砍伐。禹非常生气，严厉地谴责树神，砍下大树并把其中间挖空，造了一条既宽大又灵巧的独木舟。禹乘坐这艘独木舟指挥治水工程，三过家门而不入，经过13年的努力，终于治服了洪水。独木舟的发明使用，打开了我国水运史的新篇章，在中华文明史上写下了光辉的一页。

大禹治水石刻图

　　原始社会末期，水上最重要的交通设施——桥，也可能已经萌芽。最早的桥，被称为"石杠"。古书中有"聚石水中以为步渡"的说法，就是当河水较浅时，把大石头放置于河中，使人们踏之以过河，这些成列的石头就被称为石杠。石杠之上，如果加上独木，就是独木桥；加上石板，就是石桥。

　　总之，到原始社会后期，交通已有了很大的发展。相传大禹治水的时候到过许多地方。据《史记》记载，禹的行程情况是："陆行乘车，水行乘船，泥行乘橇，山行乘辇。左准绳，右规矩，载四时，以开九州，通九道，陂九泽，度九山。"禹不仅开辟了许多道路，而且乘坐了车、船、橇等交通工具，由此可见当时的交通状况。

　　在原始社会，虽然车、马、舟、桥已开始出现，但由于交通设施的落后和交通工具的不普及，人们出行主要还是靠步行和畜力，运载工具主要还是肩扛背负，所以人们的活动范围仍很狭小。在恶劣的生存条件下，在莽莽原野上，在洪水滔滔中，原始人的出行可归结为一句话：行路难，难于上青天。

第二章　从野蛮、古朴向文明走来

公元前21世纪，我国历史上出现了第一个王朝——夏朝。在此后约1800年的时间里，中华大地上经历了夏、商、周三代的兴衰沧桑。夏、商、周是我国历史上的奴隶社会时期。随着奴隶社会中"礼治"的形成和日趋完备，衣食住行的作用不再仅仅是满足人们的生活需要，而成为统治阶级用以区分贵贱、昭示等级、表现礼仪的工具。这时期，人们衣食住行的特点是由野而文、尊卑有序，人类社会一步步从野蛮走向文明。

一、衣饰分阶级

在奴隶社会，人们的服饰观念有了较大的变化。人们在注重服饰舒适、美观的同时，更追求其等级差别。这时期，服饰的最大进步是冠服制度初步确立并趋于完善。冠服制度逐步纳入"礼治"的范围，成为礼仪和社会等级的表现形式，服饰由此而成为统治阶级"昭名分、辨等威"的工具。

中国的冠服包括礼服、常服、戎服等。冠服制度是围绕这些服饰而产生的各种礼仪和风俗。

按照奴隶社会典章制度的规定，凡在祭祀大典、朝会以及迎亲大婚等重大仪式场合，帝王和百官必须身穿礼服。礼服中最有代表性的是冕服，由冕冠、冕服和佩饰附件等组成。冕冠，是帝王和百官祭祀典礼时所戴的礼冠，成语"冠冕堂皇"就是从冠冕非常尊贵、庄重这个意义上引申而来的。根据等级区别，冕冠和冕服的质地、颜色和图案各有不同。此外，冕服还有芾、大带、佩绶等附件。冕服自创立以

宋代马麟《夏禹王像》

19

河南安阳出土的商代玉人，头戴高巾帽，身穿右衽交领窄袖衣，束腰带。

湖南长沙楚墓出土的彩绘木俑，穿深衣，束腰带。

商代拱手玉人，头戴平顶冠。

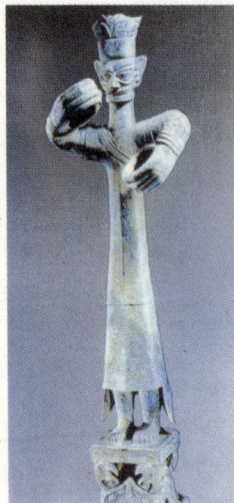

四川广汉三星堆出土的商代铜人，头戴高冠，左衽长袍。

来，历代相沿，虽然不断变革，但大体形制并未更易，始终被作为传统的法服。礼服除冕服外，还有爵服、皮弁和冠弁等。爵服，是古代士助祭的礼服，是仅次于冕服的一种礼服，其形制和颜色与冕服近似。皮弁，是天子接受诸侯朝觐、诸侯上朝及田猎等场合所戴的礼冠。皮弁用白色鹿皮制成，形状像翻倒的杯子。冠弁，是用于田猎的"猎装"。奴隶社会，不仅男子有礼服，妇女礼服也有具体的规定。如王后有袆衣、揄翟、阙翟、鞠衣、展衣等礼服，分别在不同的场合穿用。而其他贵妇的服饰也有具体的规定，严格体现着等级差别。

在冠服制度中，人们在日常生活中所穿的衣服被称为常服。常服又包括头衣、上衣下裳、深衣以及鞋履等。

头衣，是古代人们对头上衣饰的统称。一般来说，男子冠帽中低而平的是普通人戴的，高而尖的是贵族所戴。冠在古代人们的心目中具有很重要的礼仪意义。中国古代礼仪中，冠不能轻易脱掉，平时如果无故不戴冠，会被人认为是非常无礼的表现。《晏子春秋》中记载过这样一个故事：一次，齐景公喝酒喝得烂醉，就披散着头发，扔掉冠帽，搂着女人，乘坐6匹马的车要奔出宫门。但守门人却不买账，不但把马车拦了回去，还大骂齐景公说："这样的人不是我们的国君。"齐

河南安阳殷墟
出土的骨笄

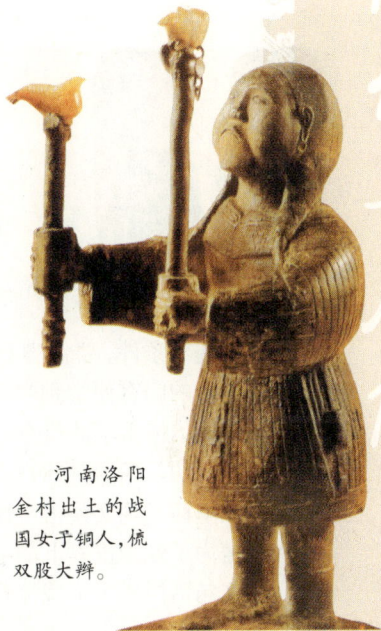

河南洛阳
金村出土的战
国女子铜人,梳
双股大辫。

景公因此羞愧万分,都不敢上朝议事了。孔子的弟子子路,是个非常注重礼仪的人。他在与敌人激战时,冠缨被砍断,为了不让发冠掉落,他慷慨宣言:"君子死,冠不免。"然后停下车来先系冠缨,结果被敌人砍成了肉酱。为了维护君子的礼仪风度,子路宁死不免冠,可见冠在当时的尊崇地位。

常服中最重要的是体衣,即上体和下体所穿的衣服。在漫长的奴隶社会,体衣的样式经历了重大变化。夏商时期,男子体衣的样式一般是上衣下裳。上衣多为小袖,长到膝盖,下裳为前后分制,两侧各有一条缝隙,腰间用绦带系束。而妇女的体衣则是上衣下裳连属的袍服,包含妇女应对丈夫忠贞不贰之隐义。到了春秋战国时期,服饰发生了明显的变化,这就是深衣的出现。深衣是将原有的上衣和下裳缝合在一起的衣服,一般短不露肌肤,长不拖地,因"被于体也深邃"而得名。深衣的样式是,腰间宽度是衣的一半,腋部的高低应以肘臂活动方便为度,袖子的长度以臂长之外再反卷回来过肘为合适,腰带的位置应在两胁之下、髀骨之上,下裳部分用12条布帛制成,代表12个月份。作为一种大众化的服装样式,深衣不分男女、老幼、尊卑和职业,"可以为文,可以为武,可以摈相,可以治军旅"。可见,当时深衣极为流行。深衣对中国服饰的发展模式有极为深远的影响,其后出现的各种袍服、长衫,以至清代妇女所穿的旗袍,甚至现代女士的连衣裙等,无一不是在深衣的基础上演化而来的。

在古代,冬天来临时,人们还在衣服外面加穿各种兽皮制成的裘。贵族所穿的大多是狐裘,白色的狐裘,更是珍贵无比。据《史记》记载:战国著名的四公子之一的孟尝君到秦国访问,送给秦昭王一件举世无双的白狐裘。后来,秦昭王听了谋士的建议,想把孟尝君扣留下来。孟尝君无奈,只好向秦王的宠妃求助。宠

战国时期的鞋

妃提出条件，要孟尝君也送她一件白狐裘。但这种白狐裘只有一件，情急之下，孟尝君的门客便学狗叫骗过卫兵，从秦王的仓库中把白狐裘偷了出来，送给秦王的宠妃，换得了放行令，孟尝君才得以逃出秦国。当时，人们穿皮衣，是将毛露在外面的。战国时的魏文侯有一次到郊外游玩，见到一个背柴的人，将皮衣的毛穿在里面。魏文侯很奇怪，问他："你怎么把皮毛穿在里面呢？"背柴的人说："我是为了爱护皮衣上的毛，不让它磨掉了。"魏文侯感叹说："皮之不存，毛将焉附？"这句话便成了千载流传的一个成语。可见，当时把皮衣的毛穿在里面，还是一件稀奇事。

因为贫富不均和等级差别，人们所穿的体衣，在质地和花色上有很大的差别。王公贵族所穿的衣裳，一般都是用优质的丝绸制作的，而平民百姓所穿的则多以兽毛或葛麻搓捻成线织成的褐衣。《诗经》上所说的"无衣无褐，何以卒岁"，道出了当时劳动人民生活的凄苦。

除头衣和体衣外，常服还包括鞋履。鞋履有履、屦、鞋、靴等形制，并根据材料和样式的不同体现着不同的等级差别和用途。按照当时的礼俗，臣下见君主时，必须先将履袜脱掉才能登堂，不然就是失礼。《左传》记载，一次卫国君主与诸大夫饮酒，褚师声子未脱袜就登上了席子。卫侯见了大怒。褚师声子辩解说，自己脚上生了疮，怕让君侯看见呕吐。卫侯听后更加生气，褚师声子吓得赶快逃走。

古代冠服制度中，戎服也是其中重要的组成部分。在长期的战争中，为了保护自己，人们发明了专门用于护体的戎服。戎服主要由两部分组成：用于保护头部的叫胄，用于保护身体的叫甲。周代以前，士兵的战甲多用犀牛、鲨鱼等动物的皮革制成，上面绘有彩色图案。周代以后，除沿用皮甲外，已出现练甲和铁甲。练甲是用布制成，铁甲是用青铜制成。头胄则用铁片或青铜铸成。按古代礼俗，士兵见长官时要"免胄"，否则就会被视为不敬。

夏商周时期，随着手工业的迅速发展，人们佩戴的饰品更加多样化，其中尤

河南安阳殷墟出土的各式玉佩

河南安阳殷墟出土的戴在手腕上的玉环

江西省新干县出土的商代
神人兽面纹玉饰

以带钩和佩玉最为典型。带钩既用于束腰，又用于装饰。春秋战国时期，人们制作了大量花纹精美、造型奇特的带钩，有水禽形、琵琶形、长牌形、兽面形等，充分表现了当时人们的精湛技艺。关于带钩的记载有：公元前7世纪，齐国公子小白（即齐桓公）与公子纠争夺君位。管仲支持公子纠，他奉公子纠的命令去追杀公子小白，当他向公子小白射箭时，由于箭恰巧射在小白的带钩上，小白才幸免一死。但后来，小白取得君位后，不计前嫌，任用管仲作相国，使齐国国力迅速增强，成为诸侯中的霸主。这个历史故事也反映出当时人们已经广泛使用带钩。

佩玉为饰早在商代就成为一种时尚。古代人们不仅用玉来美化外表，还用以体现个人身份、等级与文化修养，故有"古之君子必佩玉"、"君子无故不去玉"的说法。古代上至天子，下至士庶，无不习尚佩玉，并以玉的色泽来区分身份和等级，从而有所谓"天子佩白玉，公侯佩玄玉，大夫佩水苍玉，世子佩瑜玉，士佩瓀玟"之别。玉的造型不同，佩在身上的寓意也不一样，有"聘人以珪，问士以

23

战国时期
的耜形带钩

璧，召人以瑗，绝人以玦，反绝以环"之说。玉佩除单独使用外，还有组佩，即将若干件不同造型的玉佩用彩线穿组好，成串系挂在腰间。而在组佩中，最为贵重的是用于祭祀等重大场合的大佩。挂上大佩，行走起来，由于玉器的相互碰撞，会发出悦耳的声响。人们用此来调整步履的缓急，以体现对礼俗的尊重，这就是古人所乐道的"鸣玉而行"。此外，当时人们还常在腰侧佩挂刀、削、镜、印章等实用物品。

二、饮食丰俭关乎王朝兴衰

夏商周时期初步确立了我国饮食文化的基本格局，是我国饮食文化发展史上最为重要的历史时期。这时期，饮食原料大大扩展，饮食器具大大丰富，烹饪技术大为进步，烹饪理论和饮食礼仪诞生，饮食因此被提高到品德和政治的高度。

夏商周时期，我国的种植业和畜牧业有了长足发展，人类的食谱得到大大扩展。新石器时代定居下来的从事农业生产的我国中部地区人民，这时已以粮食为主要饮食原料，主食多是蒸饭和煮粥。当时的粮食主要是"五谷"，即黍、粟、麦、麻、稻。可见，我们今天食用的粮食，在奴隶社会已基本齐备。商周时期，畜牧业已粗具规模，人们普遍饲养"六畜"，即牛、羊、马、鸡、犬、豕。值得注意的是，当时家畜所提供的肉类还不很充足，广大庶民百姓是很少食用的。这大概正是古时把士大夫以上称为"肉食者"的原因。《礼记》中规定："诸侯无故不杀牛，大夫无故不杀羊，士无故不杀犬、豕，庶人无故不食珍。"这种规定虽然未必严格，但它说明畜禽肉类的短缺。春秋战国时期，狩猎仍是人们获取食料的重要途径，野味在饮食原料中占有一定的比例。当时的野味主要是"六兽"和"六禽"，六兽是指麋、鹿、麇、熊、野豕和兔，六禽是指鸿、鹑、鹦、雉、鸠和鸽。奴隶社会已有大规模的园囿，人们在菜园和果园里普遍种植蔬菜和瓜果，今天的蔬菜和瓜果在

商代饕餮纹铜俎

河南安阳妇好墓出土的商代巨形炊蒸器——青铜三联甗

那时大部分都有了。

夏商周的水产养殖业和捕捞业也很发达，人们已认识到各种鱼虾蟹贝的美味。相传春秋时范蠡辞官为民，经商致富，他就是挖池塘养鱼发了财。据记载，周代宫廷已有一个庞大的捕鱼机构，拥有340多人的专职捕鱼队伍。东周时期，靠近湖海江河的地方，已有专业渔民。《吴越春秋》记载：伍子胥从楚国逃亡出来，跑到江边，一个老渔父帮他渡过江后，为掩护他而自杀。后来伍子胥率吴军攻陷楚都后，又挥兵攻郑。吴军压境，老渔父的儿子愿为郑国效劳，驾船于江边芦苇中劝阻伍子胥，要他不要忘记当年老父救他的恩情。伍子胥听后就撤了兵。这个故事反映了当时已有世代捕鱼为生的渔民了。

酒是古代中国人在饮食方面的伟大创造，它是人工制造的一种迥异于自然风味的食物。夏商以后，造酒技术日渐成熟，饮酒之风日盛，并由此引出了许多悲剧。战国四公子之一的魏国公子无忌，沉溺于酒而避世，结果"与宾客为长夜饮，饮醇酒，多近妇女，日夜为乐饮者四岁，竟病酒而卒"。春秋时期，楚共王和晋厉公战于鄢陵，在混战中，楚共王被射伤耳朵，遂命主将司马子反督战。督战中，子反口渴求饮。侍从谷阳知其好酒而劝其饮一杯，由此一发而不可收拾，以致大醉。此时楚共王派人来找子反商议战况，子反伪称心疼。随之，楚共王亲自驾车来到帐内，嗅到一股酒气后，立即下令退兵。楚国兵败归国后，楚共王当即下令处死了子反。关于贪杯误事的故事，最著名的是"夫差醉酒释勾践"。春秋时期，吴王夫差打败越国并俘获了越王勾践，勾践在越国卑躬屈膝，伺机再起，吴国相国伍子胥警告吴王不可轻易释放勾践，以遗后患。但是在一次酒宴上，夫差与勾践共饮，勾践乘机甜言蜜语殷勤劝酒，夫差喝得酩酊大醉，乘着酒兴，夫差攀着勾践

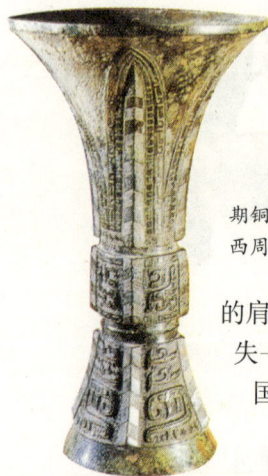

河南安阳出土的商后期铜觚。觚是流行于商代至西周的酒器。

的肩头慨然地说："越王忠厚无比，焉可久辱！三日之内，孤即送你回国。"失一语而成千古恨！正是这位勾践，回国后卧薪尝胆，励精图治，养兵富国，终于亲率大军灭吴，并迫使吴王夫差自杀。对于夫差醉酒释勾践，有诗讥曰："越王已作釜中鱼，岂料残生出会稽？可笑夫差无远虑，放开罗网纵鲸鲵。"

这时期，人们在烹制食品时逐渐认识到调味品的作用，调味品广泛使用。盐是人们最早使用的调味品。周代设有"盐人"，专管盐之政令，以供百事之盐。当时的盐有海盐、池盐、井盐、崖盐等品种。而糖、花椒、桂皮、姜、韭、葱、茱萸等也是常用的调味品，人们对它们的性质都很熟悉，烹什么食品用什么调料都有讲究。这时期，人们还制造出醋和酱作为调味品。周代酿醋技术已很发达，朝廷设有专门的"醯人"，专管酿醋。酱是周代新兴的调味品，据说周代帝王烹调食物，用掉酱120瓮。

随着饮食原料的大大扩展，各种炊煮器具诞生了。这一时期，以青铜为材料的各类饮食器具逐渐取代了陶制炊食器，成为上流社会的首选。商代的炊煮器主要有鼎、甗、鬲三种。其中鼎是最重要的盛食具；甗分为上下两部分，上部为甑，放置食物，下部为鬲，用以盛水，中间有箅，用以炊蒸饭食；鬲的作用与鼎相似，主要用来炊煮。除

战国曾侯乙墓出土的温水酒器

伊尹像

此之外，还有簋、盘、罐、刀、叉、锅等等，各式炊具应有尽有。这些炊煮器具上还刻有各式花纹和图案，充分体现了我国的饮食文化。

随着各式炊煮器具的诞生，人类的烹饪技术有了长足进步，厨师和烹饪理论也因之诞生。

我国历史上最早的厨师是商初的伊尹，他提出的"三材五味"论奠定了我国烹饪理论的基础，他因此被称为"烹饪之父"。据说伊尹的母亲因逃避水灾，在桑林中生下伊尹后难产而死。伊尹被收养在有莘氏的庖人家中，因而学得了一手烹调技艺，深通烹饪原理。有莘氏的女儿嫁给成汤时，伊尹作为陪嫁之臣来到成汤那里。初为小臣，后来成汤委以国政。伊尹帮助成汤攻灭夏桀，建立了商朝，成为商朝的开国元勋。关于伊尹著名的烹饪理论，据《吕氏春秋·本味篇》记载，动物按其气味，可分为三大类：生活在水里的有腥味，食肉的有臊味，吃草的有膻味。尽管它们原来的气味都很不好，但都能被烹制成美味佳肴。关键在于针对不同的原料采取不同的烹制方法。决定滋味的根本，第一位的是水。要靠酸、甜、苦、辣、咸这五味和水、木、火这三材来进行烹调。鼎中多次沸腾，多次变化，是靠火候来调节的。或文火或武火，便可以消灭腥味，去掉臊味，除净膻味，烹出美味。五味的投放次序和用量及配料的组合都十分微妙，烹调时的精微变化，不大容易用语言表述清楚。只有掌握了娴熟的技巧，才能使菜肴达到久而不败，熟而不烂，甜而不过，酸而不烈，咸而不涩苦，辛而不刺激，淡而不寡味，肥而不腻口。伊尹的"三材五味"论，数千年来为从事烹饪的人们所遵循。此外，这时期人们对主副食的搭配、饮食卫生以及饮食与营养保健等都有了较为深刻的认识。

最能代表当时烹饪水平的是周代的"八珍"，它是周代的食官们用独特的方法精心制作的8种馔品。周代"八珍"是我国历史上最古老的一份菜谱，其菜肴和烹饪方法完整地记载在《礼记》中。"八珍"包括："淳熬"，即煎好肉汁，浇在稻

山西石楼后蓝家沟出土的
商代蛙首铜勺、蛇首铜匕。

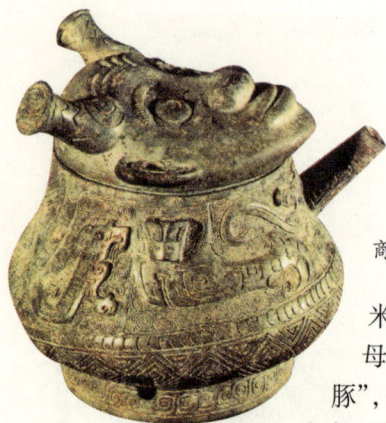

商后期人面青铜盉

米饭上，再淋上一些熟油，类似汤泡饭，是主食之一；"淳母"，煎肉汁浇于黍米饭，再淋上油，做法同"淳熬"；"炮豚"，是烧炖乳猪或羊羔，用红枣酿乳猪或羊羔，先炮熟，剥净炭壳，沾上湿米粉，用猪油炸到金黄色，再加香料，用文火炖透；"捣珍"，用牛、羊、鹿等动物的里脊肉，反复捣碎，剔净肉筋，烹熟后调味食用；"渍"，把新宰牛的鲜肉切成薄片，绝其肌理，浸在美酒内，经一昼夜，第二天用肉汁、梅浆调和吃，这是一种生吃肉片的方法；"熬"，选取牛、羊等的精肉，把筋捣软，切成薄片，遍洒姜、桂、盐，然后烘熟来吃；"糁"，是三鲜烩饭，取同等数量的新鲜牛、羊、猪肉，切粒，调味，与稻米混合烩熟来吃；"肝膋"，取狗肝，用肠中间的油脂抹好，放在火上炙烤，待肠脂干焦即成。"八珍"是周代上层社会的一份菜单，其在选料、加工、调味和火候的掌握上都有一定的章法和模式，反映了我国奴隶社会烹饪科学的发展水平。直到今天，一些烹饪方法仍为我们所继承，许多馔品仍为我们所食用，因此，"八珍"也就成了一切珍稀馔品的代称。

古语云："夫礼之初，始诸饮食。"意思是礼仪产生于饮食活动，饮食之礼是一切礼仪的基础。且不说礼仪是否发轫于饮食，这时期，随着封建礼治的形成和完善，饮食已形成一套繁杂的礼仪和风俗。由此开始，饮食礼俗便构成了中国饮食文化的重要内容和特征。

古代最隆重的礼仪是祭祀，祭品和盛祭品的礼器便随之产生。祭天神和祖宗，最隆重的祭祀食品是牛、羊、猪三牲组成的"太宰"，其次是羊、猪组成的"少宰"；祭田神，祈求丰收，一只猪蹄便可以；如单祭战神，一只狗也行。至于祭器，有鼎、尊、俎、豆等。根据等级差别，祭器有严格的区分。到西周，周公旦制定出许多宴会礼仪，如"乡饮酒礼"、"大射礼"、"婚礼"、"燕礼"等，并且立为国家的礼仪制度。据记载：天子便宴是"六食六饮六膳，百馐百酱八珍之齐"；上大夫请客是"八豆八簋六铏九俎"，外加雉、兔、鹑等，不同等级的人享用的食物不同。

每逢大宴，还有钟鼓奏乐，仕女献舞。对此，《诗经》记述了这种聚宴的欢乐场面：宾客们刚上筵席，互相问候，都很有礼貌。器具摆设得这样好看，菜肴陈列得这样整齐。酒味醇和甜美，饮酒的人无不欢喜。钟鼓奏乐，响彻厅堂，举杯祝酒，川流不息。但年景不好或丧葬之时，则要变食止乐。

关于饮食之礼，数不胜数。如作为客人赴宴时，馔品端上来或其他贵客来临时，客人要起立，以示恭敬；宴饮结束，主人不能先吃完饭而撤下客人，要等客人食毕才停止进食；摆放酒器，要将壶嘴对着贵客；遇有丧葬，以食粥服丧等等。关于饮食卫生的礼节就更

陕西扶风齐家村出土的
西周几父壶

多了。大家共同吃抓饭，必须饭前把手洗干净；共同吃饭时，不要把饭捏成饭团吃，以免令人产生争食之感；用手取饭若沾手，不得再放回器皿中，以免给人不洁的感觉；吃饭时不要发出难听的声音；作为客人，不得在器皿中调和盐，以免产生嫌主人羹汤不好的错觉；不要当众剔牙齿等等。这些饮食礼俗，对今天仍有参考价值。

先秦时期，人们不仅讲究饮食有礼，而且提出饮食有道，将饮食上升到品德和政治的高度。由此，饮食丰俭就关乎王朝的兴衰。

夏朝的建立者大禹是节俭的模范。据记载，当时的仪狄发明了酒以后，禹虽觉得酒十分甜美，但他却疏远了造美酒的仪狄，断绝了美酒，并预言："后世必有以酒亡其国者"。商朝的建立者汤，虽然任命厨艺高超的伊尹为相，却并非让伊尹安排膳食，而是用他的烹调理论治理国家，最终汤的节俭感染了伊尹。可见，饮食节俭，量腹而食，是当时的政治美德和治理国家的重要经验。

但大多数的平庸之人，又怎能抵挡得住美食佳肴的诱惑呢？夏、商两朝的末代统治者都因贪饮嗜食而失国。夏启继位之初还算节俭，但消灭了主要敌人有扈氏之后，便开始放纵起来。他经常沉湎于酒，在外面野餐，并在进餐时歌舞取乐。夏启之后的太康、寒浞等，都是饮食奢侈、败德失政的君主。而夏朝的末代君主

商代白陶牺首虺龙雷纹罍，被认为是当时王室和贵族用作祭祀的礼器。

桀更是一个极端放纵自己的人，他终日与宠妃妺喜饮酒，"无有休时，为酒池可以运舟，一鼓而牛饮者三千人，觭其头而饮于酒池，醉而溺死者，妺喜笑之，以为乐。"如此挥霍放纵，终于导致夏朝灭亡。商朝的最后一个君主纣，其行为几乎是桀的翻版。《史记》说他"好酒淫乐……于是使师涓作新声，北里之舞，靡靡之乐……大聚乐戏于河丘，以酒为池。悬肉为林，使男女裸，相逐其间，为长夜之饮"。纵情乐舞、酒池肉林，极宴饮之乐，终招致天下百姓不满。周武王姬发号召天下之人一举而灭商。

关于饮食，还有"炙鱼与公子光得国失女"的传说。春秋末期，吴王僚对一种叫做"炙鱼"的食品有特殊的嗜好。公子光想刺杀吴王僚夺取政权，结识了一个叫专诸的人。专诸表示愿为公子光完成刺杀吴王僚的任务。但吴王的防卫甚严，无法近身。公子光就派专诸拜师学做"炙鱼"。专诸学会做"炙鱼"后，公子光设宴请吴王僚，宴间，专诸捧来一条"炙鱼"献在吴王僚的面前，鱼腹里藏着一把匕首。当吴王僚正要吃鱼时，专诸以迅雷不及掩耳之势，从鱼腹中抽出匕首，刺死了吴王僚。公子光终于夺取了吴国的政权，成为历史上有名的吴王阖闾。有趣的是，吴王阖闾和他的女儿也都爱吃"炙鱼"，貌美如花的阖闾之女因为与父亲争食"炙鱼"，父女间发生了不愉快之事，这位姑娘竟怨愤而死。吴王阖闾利用吴王僚对"炙鱼"的嗜好而得国，又因食"炙鱼"之事而失女。

三、高台榭、美宫室

进入阶级社会后，随着经济的发展和社会结构的变迁，人们的居住习俗也发生了相应的变化，一是由简单的筑巢搭屋到建造复杂的亭台楼阁，二是居所的社

会等级化日益明显。

　　商代,统治阶级开始建起许多规模宏大、气势雄伟的宫殿,作为集会、祭祀和举行各种仪式的场所。这些宫殿一般都有高高的台基,殿堂坐北朝南,殿堂前有庭院,庭院四周是廊庑,廊庑以外有围墙。宫殿的建筑多以木骨为架,以石或铜做柱础来支撑高大的房屋木架,以草拌泥为顶,屋顶为两面坡状。这些宫殿建筑面积多在四五千平方米,工程浩大,用土量多至三四千立方米。到周代,我国的宫殿建筑布局基本形成固定的模式。"宫"指有围墙的整所房屋,"室"则指内室,堂在前,室在后,东西两侧为房,东西房与东西堂之间为夹,正房两旁为厢,从而形成了一套完整的宫室建筑制度。春秋战国之际的墨子曾经这样叙述古代建造宫室的原则:"圣王作为宫室。为宫室之法,曰:室高足以辟润湿,边足以围风寒,上足以待雪霜雨露,宫墙之高足以别男女之礼。"考古出土的陕西凤雏西周宫殿建筑就是一个由影壁、门屋、厅堂、厢房、回廊、中廊和庭院组成的布局严整的建筑典范。

　　到春秋战国时期,随着经济的发展,城市日趋繁荣,城市规模日益扩大,各诸侯国的都城建设大大加快。东周列国的统治者互相攀比,追逐享乐,在宫殿建设方面流行"高台榭、美宫室"。高台榭,即建造形四方而高数仞的台,在台上筑榭。这

湖北省武汉商代盘龙旧城宫殿复原图

河南省郑州商早期商城宫殿基址,均用红土和黄土夯筑而成,是中国高台建筑的雏形。

战国时燕下都宫殿遗址
出土的青铜立凤蟠龙铺首，
是宫殿大门的门环。

战国时期的勾连云纹玉
灯，是贵族用的高级照明用
具和陈设品。

时期，有许多关于高台榭的故事。如鲁
庄公筑台，在台上看见党氏女孟任的美
丽倩影后，穷追不舍，终于结为百年之
好；晋灵公让大夫进入内朝朝拜，自己
站在台上用弹丸来弹人，见到大夫们躲
避弹丸的窘状而取乐。当时较著名的高
台榭有：晋灵公造九层高台，三年尚未完成；楚国建"章华台"，号称"三休台"，
因为登此台要休息三次才能到达台顶；魏襄王要筑"中天台"，妄想台高为天高的
一半；吴王夫差造"姑苏台"。统治者站在台上，居高临下，高低贵贱一目了然。

宫殿不仅外观雄伟，室内装饰也很华美。《尚书》记载了周王朝在宫殿上举行
盛大典礼时宫殿的布置：宫殿上陈设着屏风和帷帐。在门窗之间朝南铺设着双层
的篾席，摆着嵌有五色玉的矮几；靠西墙的地方，朝东铺设着双层的细密竹席，竹
席有五颜六色的花边装饰，这里还有嵌着花贝壳的矮几；靠东墙的地方，朝西铺
设着双层光滑的丰席，席上画着云形花边，这里也摆着嵌有雕花玉的矮几；西边
的夹墙里，朝南铺设着双层的笋席，笋席的边缘用黑青色的丝线连缀而成，这里
摆着髹漆的矮几。在东西厢房，也摆满了各种宝玉和礼器。可见，室内摆设以席、
几为主，装饰有屏风、帷帐。此外，这时期的室内摆设还有床、案，装饰广泛使
用壁画、雕刻、宝玉等。

这时期的民居则多为半地穴式或建在地面上的简陋房屋。房屋狭小，地基未
见夯打，多用涂泥的草墙。室内有灶炕、鬲等简单的生活用具。这与原始社会的
半穴居相差无几。

先秦时期，随着奴隶制的发展和国家的建立，建房仪俗也日趋繁杂和完备。建
房仪俗大致有相地、卜址、奠基、正位安宅、置础、安门、布内、落成、迁宅等
一系列仪式。奠基，是确定作建筑基址的中心位置，以人或牲畜作殉葬品。正位

安宅，就是立标杆利用日影确定方位，以南北向为主，并在基址的四角和中心杀埋牲畜。这些仪式，除了驱邪免祸、祈求

战国时期的黑漆朱绘鸟足漆案

战国曾侯乙墓出土的二十八宿衣箱

平安外，还强化建筑的礼仪规格，表现主人的身份和地位。

当时，居住生活也讲究一定的礼俗。如朝仪要在王宫正殿中举行，祭祖要在祖庙中进行，祭社要在社坛中进行，祭天要在南郊外进行。这样，自周代以来的京城布局，就固定为"方九里，旁三门，国中九经九纬，经涂九轨，左祖右社，面朝后市"。也就是说，京城通常方圆九里，每边三座城门，城中分别有九条横向和纵向的大道，每条道都能容九辆马车并行，城市的正中前边是朝堂王宫，后面是集市，左边是祖庙，右边是社坛。在日常生活中，居室的摆设及使用也很有讲究。如席的摆放和使用，按照规定，天子之席为五重，诸侯之席为三重，大夫之席为两重。席的摆放位置也有尊卑之别，南北向摆设的席以西方为上，东西向摆放的席以南方为上。关于坐席也有一定的规矩，据《礼记》记载：臣下陪君主在室内，不得与君主同坐一席，而应当退到后面，要坐在君主和近臣之后的位置。入席的时候应当从席的后面走，空手而坐的时候，应当离席一尺，以表示谦恭。读书和进食时，所坐要与席齐，不必留距离。贵族举行宴饮时，不同的人要坐在不同位置的席上，以示尊卑有序。周王席为主，其次是上卿、小卿、大夫、士庶子，入席不能僭越等级。此外，做客、待客以及拜见君主，如何登堂入室，都有一套繁文缛节的礼俗。如做客和待客时，要屈膝，膝盖着席，脚跟部承着臀部，以示敬重；在室内不要臀部贴地，两腿张开平放而直伸，这种姿势不雅；如此等等，这些居室礼俗曾在我国古代长期存在。

四、车马舟桥与战争

夏商周时期，由于社会经济的发展，交通有了相应的发展。同时，交通与战争的关系也更为密切，频繁的战争促进了交通的发展，交通的畅通是战争胜利的保证。

在陆路交通方面，经过夏商两朝的开拓，到战国时期，我国已基本形成较完整的古代交通网络。周武王灭商后，除建都镐京外，还修建了东都洛邑。为有效发挥两京的政治、经济、文化中心的作用，周朝在两京之间修建了一条宽阔平坦的大道，号称"周道"，并以洛邑为中心，向东、北、南和东南各修建成等级不同的、呈辐射状的道路。周道是西周的生命线，也是国家交通的中轴线。据《诗经》描述：在这条宽广平坦、笔直如矢的大路上，老百姓看到王公贵族掠走他们辛勤劳动的成果，不能不伤心落泪。天空北面有北斗，周道像一把朝西的勺柄，连接了七星。在我国古代交通发展史上，周道的修建意义深远。这条交通线是横贯东西

秦岭褒斜栈道复原图

的大动脉，直到明清时期，几千年来，历朝的政治、经济、文化重心都在这条轴线上。

东周时期，春秋大国争霸，战国七雄对峙，大规模的经济文化交流、军事外交活动和人员物资聚散，都极大地推进了道路的建设。这时期，各诸侯国修筑的道路很多，其中最著名的当属褒斜栈道和金牛道。秦惠王时，为克服秦岭的阻隔，

王命传虎符。
楚国的通行证，
持此证沿途由驿
站提供食宿。

开始修筑褒斜栈道。这条栈道自秦岭北麓的斜水谷起，到达秦岭南麓的褒水河谷，全长200多公里，史称"褒斜栈道"。褒斜栈道开通后，秦惠王欲伐蜀。为打通陕西到四川的道路，秦王制作五头牛，声称能屙金，以欺蜀王。蜀王命五丁开栈道引之。这条栈道自陕西的勉县，经七盘岭而入四川的剑门关。道路开通后，秦军随而灭蜀，"金牛道"由此而得名。此后又在陕、川间开凿了子午道、傥骆道等栈道。这些道路的修筑极其艰难，人们首先采用原始的"火焚水激"的方法开山破石，然后在崖壁上凿上、中、下三排孔洞，孔洞中均插入木桩。在上排的木桩上搭棚遮雨，中排木桩上铺板成路，下排木桩上支木为架。这样，远望栈道好像空中楼阁一般，煞是壮观。迄今为止，陕西太白县境内尚有多处清晰可辨的栈道遗迹。战国时期，齐鲁两国间也修筑了宽广平坦的"鲁道"。

金牛道

据记载，齐襄公与其妹即鲁桓公的夫人文姜私通，文姜和齐襄公就经常日夜驰骋在鲁道上。此外，各国修筑的主要道路还有：楚国从郢都通往新郑的通道，晋国穿越太行山的东西孔道，燕国开辟的直达黄河下游和通往塞外的交通线等。这样，纵横交错的陆路干线和支线，使黄河上下、淮河两岸和江汉流域有效地连接起来，从而为后来秦统一六国打下了基础。

按先秦交通风俗，在干道上还建造馆驿客舍，以方便行人食宿和提供交通工具。春秋战国时期，随着四通八达的交通要道的开辟，路上馆驿已经遍布各地了。"凡田野之道，十里有庐，庐有饮食。三十里有宿，宿有路室，路室有委。五十里有市，市有候馆，候馆有积。"这就是说，无论都市和僻野的大道，每隔10里设置有"庐"，可以提供饮食；每隔30里设置有"宿"，有提供休息和饮食的"路室"；

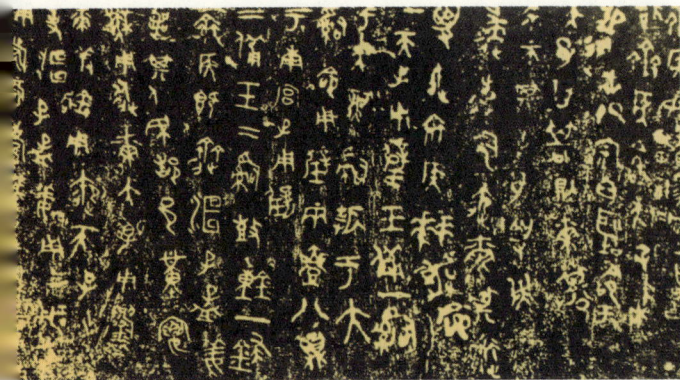

春秋时期青铜器上记载驿传的铭文。记述了齐侯命田氏乘传车至周，请命于周天子。这是较早的用车传递信息的记载。

每隔50里设置有"市"，有住宿和饮食条件更为优越的"候馆"。路上馆舍可分为馆、寄寓和施舍三种，馆专为接待国家的贵宾，寄寓和施舍则为平民所设。战国时期，由于战争连绵不断，许多使臣、说客穿梭周旋于各国，各国的贵族辗转奔波，成群结队的百姓流离失所，这一切促使私人馆舍纷纷兴起。齐国的孟尝君、赵国的平原君、魏国的信陵君和楚国的春申君都在私人馆舍中养客3000人以上。同时，交通设施的养护已较为规范。传说周定王时，单襄公出使，途经陈国。他看到陈国的道路两侧没有树，路面杂草丛生，而主管官员又不履行巡视监察的职责，驿舍及服务人员都不尽职。他根据这些迹象判断，陈国必亡。

在弱肉强食、战事不断的奴隶社会，交通工具无疑扮演着重要的角色。这时期，交通工具最明显的变化，就是车在战争中的广泛使用和不断革新。据传，夏启登位后不久，使用大批的驮畜和战车、运输车，消灭了对其形成威胁的有扈氏。夏朝末年，商汤在伊尹的辅佐下，以"良车七十乘"击败夏桀，建立了商王朝。武丁时期，商朝国力增强，军队驾驭大批战车向南方拓展，一直插入江淮流域纵深地区。商的末代君主纣王，也曾频繁出动大量战车，把疆土向江淮地区拓展。商代，车辆制造技术大大提高，不仅普遍使用独轮的战车，而且出现了精美的两轮车。1066年，周武王姬发调集战车300乘，勇士3000人，甲士4.5万人，作为主力东征。同时，还征调各附庸国大量兵力。待兵抵牧野时，已有兵车

1958年安徽寿县出土的战国鄂君启节。这是通行证，左是舟节，右是车节，铭文记载了车船数目、通行路线等。

镶嵌金银兽首形辕饰。这是战国时期魏国的车马饰件。以马首作造型，工艺精美绝伦，显示出车马主人的豪华气派。

3000乘。武王一鼓作气，以"戎车三千乘"击败纣王，建立了周王朝。西周时期，车辆有了重大改革，出现了四匹马拉的战车。春秋战国时期，车辆有了更加飞速的发展，车辕由单辕改为双辕。这使车更加牢固，载重量大大提高。据说秦桓公之子名咸，担心哥哥上台后加害于己，遂把自己的财产装上千辆车乘，10里一舍，接力运输，每车往返8次，才全部运到晋国。另据《墨子》记载，春秋各国造的大车，能装50石谷而运转灵活，即使长途运输也不折车轴。可见，当时车辆多且性能好。在车的作用日渐重要的情况下，到战国时期，秦国有战车千乘，魏国有战车600乘，越国有战车千乘，赵国有战车千乘，燕国有战车700乘。车已成为一个国家财富的象征和强弱的标志。

在经济发展的基础上，万户之邑纷纷建成，大道小路四通八达，贸易交流活跃，车辆往来频繁，车辆装饰也更加绚丽华美。对此，《诗经·小雅》描述说：在城市的街道和郊区的公路上，王侯将相驾乘的高大车马奔驰而过，车身上遍涂朱红色的丹漆，车厢旁美丽的旗帜随风飘扬。车厢外有用文竹精心编织的障蔽，车厢内放着华贵的鱼皮箭袋。车轮高大，气宇轩昂，车毂包着坚韧的皮革，车衡上画着错综复杂的图案。驾车的骏马阵阵嘶鸣，马胸前悬挂着漂亮的樊缨，马辔上也悬饰着下垂革皮，马头两旁佩戴着一对对鸾铃。车马飞快地行进时，旗帜呼呼

战国时期一车四马战车复原模型

长沙马王堆汉墓帛画中的战国乘马人物和坐马车人物

作响，革条轻轻拂动，鸾铃叮当合鸣，壮观而动听。

随着车的广泛应用，驾车技术有了惊人的进步，出现了许多驾车高手。相传周穆王时，造父是穆王的驭手，驾车技术非常好，他为穆王驾车选择了四匹好马，名字叫骥、温骊、骅骝和𫘤耳。有一次，周穆王去西方巡狩，到达昆仑山下，乐而忘返。不料，这时传来了徐国的偃王作乱的消息，情况十分危急。于是周穆王乘坐造父的车子，长驱归周，一日千里而救乱。可见，当时陆路交通相当发达，造父驾术十分高超。另据说，晋国的王良是驾车能手，一次他驾车作战，战争正激烈时，骖马的长套就要断了，但他能使之不断，一直到战争结束，然后他让车子碾过横在地上的细木头，骖马稍一用力，鞅就断了。随着对驾术研究的深入，统治阶级由驾术而得出治民之道："故御马有法矣，御民有道矣。法得则马和而欢，道得则民安而集"。

周代，乘车礼俗日趋完备。一般情况下，驭者居中，尊者居左，陪乘人员居右。战国时期，魏国信陵君为表示对于贤者夷门侯生的尊敬，将车的左侧空出以迎侯生。若在战场上，则主帅居中便于擂鼓，驭者居左，陪乘人员居右。有时，这种乘车礼俗在战场上随机应变会收到意想不到的结果。公元前589年，齐晋两国激战，齐军大败而退。眼看晋军就要追上时，站在车右侧的逢丑父与主帅齐顷公紧急换位。待晋军赶上时，站在齐顷公位置上的逢丑父以君主的口吻，命令站在车右侧的齐顷公下车取水，齐顷公乘机逃跑。此外，乘车中还要注意行"轼"礼，

战国铜壶上的水陆攻战刻纹，表现了双层战船上水军作战的场景。

即乘车路遇尊者时，要双手扶轼，对尊者行注目礼，以示谦恭。周代贵族男子登车时要踏乘石，贵族女子则踏矮几。

值得注意的是，春秋战国时期，陆路交通取得的另一重大突破是骑马成俗。骑马之俗，始于战国时期赵武灵王倡导的"胡服骑射"。到战国晚期，骑射之风越来越盛，在某种程度上有取代战车的趋势。这是因为，人们发现在平原作战，战车占有优势，但在山间谷地，战车笨重，不利于作战，而骑射则快速、灵活，有利于作战。由此，骑乘迅速风行，并成为各国兵力强弱的标志。据说，当时赵国和楚国各有战骑 1 万匹，燕国和魏国各有战骑 6000 匹，秦国也拥有战骑 1 万匹。

在江河湖泊地区，为适应地理环境的需要，水路交通和舟楫制造也有了长足发展。在周代，舟桥的建造已有了确切的记载。相传周文王迎亲时曾经"亲迎于渭，造舟为梁"。春秋战国时期，舟桥多被用于军事征战。运河的开发，战船的利用，水战的盛行，水军的出现，成为这一时期水路交通发展的特点。鲁哀公九年，吴王夫差开凿沟通江、淮的邗沟，经沂水，转济水，在黄池和晋定公、鲁哀公、单平公会盟。这是一场声势浩大的长途水师行动，是当时水上交通高度发达的明证。邗沟，是我国也是世界上有确切纪年的第一条大运河，它的开通，大大便利了南北航运，为后来江淮运河的发展奠定了基础。公元前 648 年，秦国向晋国运送粮粟，船队顺渭河东下，进入黄河后再转入汾河，共约六七百里水路。运粮船前后相继，浩浩荡荡，被称为"泛舟之役"，由此可见秦晋间的舟楫之盛。

春秋晚期，吴国、齐国、鲁国、楚国和越国之间所爆发的战争，都是使用战船集结水军进行的，这充分反映了当时的水路交通水平。鲁昭公十七年，吴公子光率军伐楚，在安徽当涂县博望山下与楚军进行了一场激战，结果吴师大败，主帅乘坐的华美大船"余皇"为楚军所获。后来，吴公子光选派"长鬣者三人"，伪装成楚卒，趁着夜晚混进敌营，暗藏在"余皇"舷外。吴军夜袭楚营，在高呼三声"余皇"的暗号之后，内外夹攻，楚军大乱。吴军乘势攻打上来，一举击溃了楚军，夺回了"余皇"。后来，吴国伐齐时，吴国大夫徐承率水军乘战船从海路进入齐国境内。越国伐吴国时，越王命令范蠡率领水军乘战船沿海航行入淮河，以堵截吴国水军的退路。这些事例表明，春秋时期船只规模和驾船技

浙江杭州出土的吴国木船

春秋时期吴国的大翼战船模型

术至少已达到在近海航行的水平。据记载，当时的大船长 10 丈，阔 1.5 丈，可乘坐 90 人，装载 3 个月的粮食，顺流而下，一日可行 150 余公里。可见，船的航行速度和载重量都是十分可观的。

第三章 走向统一，以礼制俗

秦汉时期，随着国家的统一，社会的安定，以及政治、经济和文化的整齐划一，衣食住行和风俗也随之进入统一整合和健康发展的时期。汉统治者在周礼的基础上，确定"三纲五常"为中国封建礼制和社会秩序的最高准则，并把礼治作为巩固"大一统"的主要措施和手段。因此，礼治更为渗透和普及，并对人们的衣食住行等风俗产生了重大影响，从而形成俗中有礼、礼中有俗、以礼制俗的现象。

一、从黑衣长袍到画眉施黛

秦始皇吞并六国，建立了我国历史上第一个中央集权的国家后，为巩固统一，相继建立了各项制度，包括衣冠服制。西汉取代秦后，对秦朝的各项制度多因循不变。直到东汉，秦制和三代古制糅合在一起，才形成更为严密、完备的衣冠服制。

秦始皇统一中国后，将自西周以来沿用的冕服制度做了大规模的调整，将传统的6种冕服革去了5种，只保留了仪礼中礼仪意义最轻的玄冕一种。秦始皇崇信战国阴阳家的"五德终始"说，自认为以水德得天下，崇尚黑色，立黑色为贵色，将礼服、冠、巾等全部改为黑色，甚至连旌旗也选用黑色。汉承秦制，因此秦汉时期服饰基本上以黑色为时尚。直到东汉光武中兴，刘秀确定汉乃应火德而有天下，并以红色为尊，红色正式取代了黑色而成为时尚。

秦汉时期，男子的服饰与前代相比有了很大的变化。男

秦始皇像

41

秦代佩锦绶、系大佩的男子。

子的头衣种类繁多，等级分明。贵族戴冠帽，平民戴巾帻。冠帽分冕冠、长冠、武冠、进贤冠等，分别在不同的场合由不同级别的人佩戴。巾帻就是用布帛把头包起来。传说西汉元帝刘奭头发粗硬直立，难以理顺，恐上朝时群臣见了不雅，于是便用帻裹头。又传说，西汉末年的王莽因头顶光秃，恐人见笑，乃用帻巾裹头。于是，人们纷纷效仿，以为时尚。汉朝儒生以巾帻包头为风雅之举。据记载，当时名士袁绍、孔融、郑玄等都喜爱戴头巾，而诸葛亮这样的千古风流人物也是头戴纶巾，手摇羽扇，指挥三军，潇洒娴雅。

男子的常服多是袍服和短衣。袍服大体可分为直裾和曲裾。曲裾是战国时的深衣，其通身紧窄，下长拖地，衣服的下摆多呈喇叭状，行不露足。衣袖有宽有窄，袖口多镶边。衣领通常为交领，领口很低，以便露出里面的衣服。直裾是衣襟相交至左胸后，垂直而下，直至下摆。短衣主要有内衣和外衣两种。内衣主要有衫、夹、兜肚等。有时平民男子也穿类似满裆的三角短裤，叫"犊鼻裤"。犊鼻裤之有名，是由于它与西汉著名的文人司马相如连在一起。据说四川富豪卓王孙的女儿卓文君寡居在家，仰慕司马相如的名气，与他一见钟情，便逃出家门与司马相如私奔。卓王孙闻讯大怒，扬言一文钱也不给卓文君。而司马相如家徒四壁，无以谋生。卓文君便故意与司马相如到卓王孙居住的临邛去开酒铺，卓文君当垆卖酒，司马相如穿上犊鼻裤洗酒器。卓王孙见后，竟无地自容。为了不再丢脸，只好给了卓文君一笔钱，不让他们开酒铺

洛阳出土的汉代空心砖画，可见戴各式头冠、身穿束腰大袖、手执戟的门卫。

穿裈的汉代男子

了。由此可见，犊鼻裈是当时低贱的装束。秦汉时期，男子的短外衣主要是襦。襦是一种棉絮的短上衣，长仅及膝，必须与有裆裤配穿。当时的显贵多用纨（一种细白的平纹薄绢）作裤，故有"纨绔"之称，后来这个词演变成浪荡公子的代名词。

汉代，男子的主要佩物是佩绶，这是等级的主要标志。所谓佩绶，就是用彩色丝线扎系的印纽和玉饰，根据官职大小和地位尊卑而不同。如帝王和皇后佩黄赤绶，长为两丈九尺九寸；诸侯佩赤绶，长为两丈一尺；公侯将军佩紫绶，长为一尺七寸等。佩绶可以直垂于胯下，也可以装入系于腰间的鞶囊中。

这时期，妇女服装的特点，一是仍以深衣为主，不过这时的深衣样式变为绕襟；二是上襦下裙。襦衣多作斜领右衽，袖子宽大，一般把襦衣的下端束于下裙之内。裙子样式较多，如西汉成帝皇后赵飞燕喜穿有褶皱的"留仙裙"，《孔雀东南飞》中刘兰芝穿的绣夹裙，曹植的《洛神赋》中洛神所穿的轻薄的绢裙等。襦裙是中国妇女服饰中最主要的形式，历经各代而不衰，直到清朝才被旗袍所取代。汉代妇女也穿裤子，是一种前后有裆系带的"穷裤"。关于这种裤子，还有一段故事。据说，汉昭帝时皇后上官氏把持朝政，为巩固自己的地位，她想生个皇子继位。而当时汉昭帝身体不好，上官皇后遂借口皇帝必须节制房事，命令后宫女子必须穿有裆的"穷裤"，而且要在裤子上系带子。这样就能防止宫女受到皇帝的宠

43

戏剧《汉宫秋》中穿襦裙的乐女

穿绕襟深衣的西汉妇女

爱，让上官氏独占皇帝一人。从此，有裆裤才逐渐流行起来。

汉代妇女以长发为美。据文献记载，汉武帝的妃子卫子夫受到宠幸时，头发披散开来，汉武帝见她的头发黑且长，极为欢喜，卫子夫因此获得恩宠。汉明帝的马皇后头发也非常长，可以梳成四个大髻，剩余的长发还能绕髻三圈，估计总长不下两米。这时期，妇女流行梳高髻，正如童谣所说："城中好高髻，四方高一尺。城中好广眉，四方且半额。"妇女发式五花八门，有椎髻、堕马髻、凌云髻、迎春髻等。其中最负盛名的是堕马髻。它下垂至背，侧在一边，看似从马上刚刚堕下，因而得名。相传，堕马髻为东汉贵族梁冀的妻子孙寿所创。孙寿天生一副愁眉，脸上画一层淡妆，轻声细步，露齿微笑，再配以堕马髻，更加妩媚动人。于是人们纷纷效仿，此种发式迅速在京城风靡开来。

穿红色广袖短襦及长裙的汉代妇女

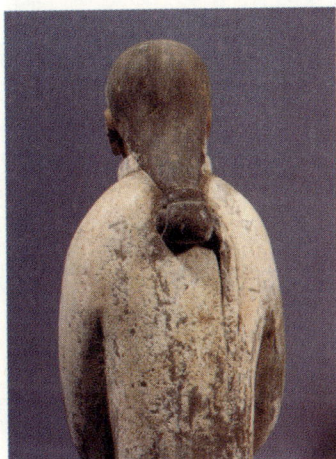

梳堕马髻的
汉代妇女

两汉时期，妇女头上常戴用布帛缠成的叫"巾帼"的帽圈，巾帼由此引申为妇女的代称。关于巾帼，有不少佳话。相传，三国时期蜀国丞相诸葛亮出兵斜谷，屡下战书向魏国司马懿挑战，司马懿坚守不出，诸葛亮便生一计，令人制成巾帼衣装一套，差人送给司马懿，嘲笑他胆小如妇人，用激将法激他出战。偏偏司马懿不上诸葛亮的当，诸葛亮也只好抱恨终生了。妇女头上还常佩戴步摇、珠翠花钗以及耳珰。步摇，是一种附在簪钗之上的首饰，上面饰有金玉花兽，并有五彩玉下垂。人行走时，随着身体的晃动，五彩下垂也跟着不停地摇动，故名步摇。至于珠翠花钗和耳珰，汉乐府《孔雀东南飞》中对刘兰芝的美貌形容道："足下蹑丝履，头上玳瑁光，腰若流纨素，耳著明月珰。"秦汉妇女画眉施黛已成风气，眉上施黛以求艳丽，面上敷粉以求白皙，颊上涂朱以求红润。在画眉施黛成风的情况下，有的妇女不惜剃去眉毛，用黛描画其处，甚至还有男子"胡粉饰貌，搔头弄姿"，以女性为美。

对秦汉妇女的服饰，古代文学作品中多有描述。汉代乐府《陌上桑》就描写了美丽的采桑姑娘罗敷的衣着打扮：

头上倭堕髻，耳中明月珠。

缃绮为下裙，紫绮为上襦。

罗敷头上梳着似坠非坠、偏向一边的发髻，耳朵上戴着明月一般晶莹的珠饰，下身穿杏黄色的绫罗裙，上身穿紫色的丝绸短袄。素雅的服装、时兴的发式与她那婀娜的身姿搭配得完美无缺，充分显示出汉代少女的美丽和时尚。

梳垂髻、穿深衣的汉代妇女。

45

簪花的汉代妇女

着帔的西汉妇女

马王堆汉墓帛画中的墓主及侍从，穿深衣、插步摇。

二、饼饵麦饭甘豆羹

秦汉建立起大一统的封建集权制国家后，对外来文化表现出更多的开放性和包容性，中原与周边地区的文化交流更为频繁。汉代，随着汉王朝与西域的和亲以及丝绸之路的开辟，西域的饮食原料和饮食风气传入中原。从西域传来的大量物产有芝麻、无花果、西瓜、石榴、绿豆、黄瓜、大葱、胡萝卜、胡蒜、菠菜、芹菜、核桃、香菜、苜蓿和葡萄等。同时，随着经济往来的加强，南方的荔枝、龙眼、香蕉、柑橘、柚子、甘蔗、椰子等也传入中原，并在各地种植开来。这些异域的瓜果菜蔬，大大丰富了人们的饮食，并一直流传至今。

河南灵宝县张湾采集的东汉时期绿釉陶坊模型。表现了人们舂米和磨面的场景，可见当时面食已很普遍。

汉代，在传统饮食的基础上，北麦南稻的主食风气已基本形成。至于吃法，无论南北，主要有饼、饭、粥三种，北方以麦饼为主，南方以米饭为主。而北方饼的兴起，则是一种新的饮食时尚。北方的麦饼由小麦加工而成，常见的有蒸饼、胡饼和汤饼。蒸饼如馒头、包子等，汤饼有面条、面块等，胡饼有烧饼、芝麻饼等。在汉代，饼是人们喜爱的大众主食。据记载，汉高祖刘邦当了皇帝后，把他的父亲从故乡沛县迎到长安。谁知老人吃不惯皇宫里的山珍海味，却总忘不了老家的饼。于是，高祖下令把老家卖饼的都迁到关中，在离长安不远的地方建起一座"新丰县"，从而满足了老人的嗜好。相传，光武帝刘秀当年曾因事被拘于新野县，樊氏是当时新野县管理市场的小吏，曾送给刘秀一筐饼。刘秀感恩不尽，称帝后不仅赐他御食、乘舆，还封他为都尉。据传从西域传入的胡饼，也颇受各阶层的青睐。《续汉书》说："灵帝好胡饼，京师皆食胡饼。"

东汉庖厨画像砖，反映了当时饮食的成熟。

据文献记载，三国时吕布带军到乘氏城下，李叔节曾作胡饼万枚前往犒军。晋朝郗虞卿为女择婿时，大书法家王羲之祖腹吃胡饼，被聘为佳婿。可见，晋代胡饼仍为上层人士所喜爱。后来，由饼演变而成各式点心，面点开始大放异彩。

介于主副食之间的豆腐是中国人对人类饮食的重要贡献。而豆腐的发明，当归功于西汉时期的淮南王刘安。淮南王刘安好道术，常召集方士炼丹，以求长生之术。在这过程中，无意中发明了豆腐。1960年，河南密县的一号汉墓中发现了大量的画像石，其中便有豆腐作坊的石刻。这是汉代已有豆腐生产的充分证据。豆腐既廉价，又营养丰富，它的发明为人类的饮食开辟了广阔的前景。

秦汉时期，社会饮酒成风。酒有稻酒、黍酒、米酒、葡萄酒等多种。元日朝会、乡饮祭祀、喜庆嫁娶、送礼待客，非酒不行，饮酒成为社会上的一种礼俗和习惯。正因为如此，汉代食祸迭起，酒徒辈出，如自诩酒狂的司隶校尉盖宽饶，自称"高阳酒徒"的郦食其，以饮酒为乐的孔融等。东汉著名文学家蔡邕曾经醉卧途中，被人称为"醉龙"。继王莽而登天子宝座的更始帝刘玄，日夜与妇人在后宫中饮宴，常因醉而不能见群臣，不得已，则找一个内侍代替他坐在帷帐内接见大臣。更始帝刘玄的韩夫人更是嗜酒如命，有时夫妇对饮碰上大臣奏事，夫人便怒不可遏，认为坏了她的美事，一巴掌将书案拍破了。荆州刺史刘表，制有三个酒杯，大的名"伯雅"，容七升，次的曰"仲雅"，容六升，小的叫"季雅"，容五升。设宴时，所有宾客都要以饮醉为度。筵席旁还准备了大铁针，客人醉酒倒地，便以针去扎他，用来检验是真醉还是假醉。中山靖王刘胜夫妇死后，在他们的墓中摆放了30多个高达70厘米的大酒缸，缸外用红色书有"黍上尊酒十五石"、"甘醴十五石"、"黍酒十一石"等文字，这些酒缸的装酒总量估计达5000多公斤。可见，刘胜也是酒色之徒。除酒外，当时的饮料还有浆。

汉四神温酒器

长沙马王堆出土的西汉彩绘漆案

汉代，无论宫廷民间，聚欢宴饮成俗。汉代左思的《蜀都赋》描绘了热闹的宴饮场面："终冬始春，吉日良辰。置酒高堂，以御嘉宾。金罍中坐，肴烟四陈。觞以清醥，鲜以紫鳞。羽爵执竞，丝竹乃发。巴姬弹弦，汉女击节。起西音于促柱，歌江上之飀厉。纤长袖而屡舞，翩跹跹以裔裔。"宴间观舞赏乐，投壶博弈，边饮边乐。

秦汉的饮食礼仪，继承了夏商周时的传统，并加以发扬光大。汉高祖时，博士叔孙通制定了一套宫廷酒筵的礼法。其基本规范是：皇帝坐北高高在上，文官排列在殿东，武将排列在殿西，两相对面。陪侍皇帝饮酒的人，坐在殿上都要低着头，向皇上祝酒则以职位高低为序。这样，宫廷饮宴再也无人敢失礼了。当然，也有人违礼逾制。如大臣东方朔不拘礼节，有一次喝醉了酒，冒冒失失地跑到皇

汉酿酒画像砖

上的大殿上撒了一泡尿，结果被削职为民。而普通百姓家吃饭，要脱鞋登堂，对长尊要跪而盛羹，夫妻间要举案齐眉。关于举案齐眉，有一段千古佳话。传说东汉隐士梁鸿，初时受业于太学，后入上林苑牧猪。还乡时娶孟光为妻，隐居霸陵山中，以耕织为业。后梁鸿偕妻流浪到苏州一带，卖舂米度日。每当梁鸿劳作归来，妻子为他准备好饭食，将食案举过眉头送到他面前，甚至不敢抬头看丈夫一眼。邻人见了，无不深受感动。孟光举案齐眉，遂成为夫妻相敬如宾的代名词。

三、秦宫汉瓦树雄风

秦汉时期，我国的建筑水平有很大的提高，而最能代表当时建筑和居住水平的是宏伟辉煌的三大古都：咸阳、长安和洛阳。

秦始皇君临天下后，穷奢极欲，大造宫殿。他役使70多万人扩建都城咸阳，又将东方的12万户六国豪门强族迁到咸阳居住，从而使咸阳成为八百里秦川上的繁华都市。据史称：咸阳"东西八百里，南北四百里，离宫别馆，相望连属，木衣绨绣，土被朱紫，宫人不移，乐不改悬，穷年忘归，犹不能遍"。在绵延几百里的咸阳城内，最有名的建筑是阿房宫。秦始皇晚年，决定在渭河以南的上林苑中

咸阳宫一号宫殿复原模型

骊山陵墓地下宫殿复原图

建造新朝宫，阿房宫是新朝宫的前殿。据《史记·秦始皇本纪》载："先作前殿阿房，东西五百步，南北五十丈，上可以坐万人，下可以建五丈旗。周驰为阁道，自殿下直抵南山。表南山之颠以为阙。为复道，自阿房渡渭，属之咸阳，以象天极阁道绝汉抵营室也。"直到秦朝灭亡，阿房宫也未建成。但已完成的部分却已达到了空前绝后、惊世骇俗的规模。唐代诗人杜牧在他的《阿房宫赋》中对其作了描述："六王毕，四海一。蜀山兀，阿房出。覆压三百余里，隔离天日……五步一楼，十步一阁。廊腰缦回，檐牙高啄。各抱地势，钩心斗角……长桥卧波，未云何龙？复道行空，不霁何虹？高低冥迷，不知西东。"《阿房宫赋》反映了这座堪称世界第一奇迹的建筑。今天，阿房宫尚未进行完全发掘，其真实面貌尚不得而知。

秦始皇即位后不久，就在陕西临潼营建他百年以后的骊山陵。史书记载了陵墓内的奇山异景：骊山陵穿越地下三重黄泉，往下灌铜浆铸造供安置棺椁的巨型铜椁。墓中设有机关弩矢，一旦有人穿越墓门走近墓室，就会被射死。墓穴中堆满了宫观和珍宝奇器，洞窟中还用水银灌成百川江河与大海，洞顶上绘有日月星辰等天体。洞窟里点着用人鱼的膏油做成的蜡烛，以确保墓室内长久的光明。墓室外面堆起高高的大山一样的封土丘陵，并在上面遍植草木，让它像真的山峦一样。后来，骊山陵多次惨遭兵火浩劫。据史书记载，楚霸王项羽进入关中后，出动30万人盗掘陵墓，光搬运墓中的实物，30万人花了30天也没搬完。有一次有牧人举着火把到地宫中寻找丢失的羊，结果引发的大火燃烧了90天也没熄灭。此外，盗贼也经常光顾陵墓。尽管如此，近年来，骊山陵的考古依然震惊了全世界：号称世界第八奇迹的兵马俑方阵和精美绝伦的铜车马已经出土；已探出南北长

东汉陶城堡。这是南方的小型庄园城堡，四周筑高墙，四角建角楼，可以远望和防卫。

460米、东西宽392米、高厚各4米的地宫墙，宫墙四面有门；科学测试表明，陵墓内中心部位有强烈的汞异常反应，面积达1.2万平方米，这与史书所记陵墓内用水银作百川大海的说法相符。当然，陵墓内的情况到底如何，只有正式发掘后才能真相大白。

汉高祖刘邦建立西汉不久，定都长安。高祖七年（公元前200年），在丞相萧何的主持下，在长安大规模建造未央宫。刘邦从外地巡视归来，猛然看见新建的宫阙十分壮丽，愤怒地说："目前天下还没有最终平定，怎么能大兴宫室呢？"萧何从容回答说："宫室不壮丽，就不足以使四夷的边民们慑服。把宫室建得壮丽，也是为了让后人无法超越您的威德呀！"刘邦一听，转怒为喜。未央宫是由一座座宫殿、台榭、楼阁、假山、池泽等组成的一个布局整齐的雄伟建筑，其势不亚于阿房宫。后来，西汉的几代皇帝大兴土木，在长安城内继续兴修宫殿。最终，长安之宫多达未央宫、长乐宫、长门宫、承光宫、池阳宫、宜春宫、延寿宫、望仙

河南睢宁汉画像砖中的房屋

宫等30多处。长安之殿数量也多得惊人，有金华殿、神仙殿、高门殿、增成殿、宣室殿、承明殿、凤凰殿、长丰殿等30多座。长安之观则有临仙观、渭桥观、仙人观、兰池观、平乐观、九华观、昆明观等30多处。

刻有白虎的秦砖

经过长期的战争，到东汉时，长安已是残破不堪。刘秀建立东汉后，遂定都洛阳。经过几代皇帝的大规模营建，洛阳建成了富丽堂皇的南北二宫。南宫正殿的德阳殿可容万人，殿以纹石作基坛，雕梁画栋，玉阶金柱，殿前的朱雀阙高百余丈，耸入云端，据说从距洛阳40多里外的偃师县境内就可以远远望见。为了供帝王们游猎，在洛阳的四郊还修建了上林、芳林、西苑等宫苑陂池。可惜的是，东汉末年，权臣董卓的一把大火将其付之一炬。

秦汉时期的民宅，基本上是一堂二室，中间为堂屋，左右为卧室。富裕人家的高门大宅还有回廊、楼阁、亭台、门阙等。至于广大乡村贫民的住房，则多为板房、茅庐和竹屋等。

秦汉时期的宫室，基本上继承了战国以来流行的高台建筑风格，但到东汉时，则废弃了夯土高台建筑，而代之以采用斗拱的木结构楼阁。斗拱有在栌斗上置拱、拱身直接插入柱子或墙壁、跳头上置横拱等多种。这时，抬梁和穿斗这两大木结构形式也都已发展成熟。在宫室的布局上，多是中轴对称、横向展开的新格局。加之多层的台基、屋身、屋顶深层次的起落交错，使整个建筑组群主从结合，既富于变化，又合成一气，显得更加巍峨壮丽。而一般宅第则基本承袭了周代前堂后寝的格局。秦汉时，所有宫廷、宅第的屋面，大体已全部用青瓦覆盖，墙体表面

河北满城西汉墓出土的宫中用品——长信灯，可以任意调节亮度，各部件可以随意拆装。

也大多用青砖镶砌，所谓"秦砖汉瓦"，就是对这一建筑风格的形象概括。到东汉时期，中国古代居住文化中的土、木、砖、石四大结构已基本形成。同时，建筑装饰更加发达，屋顶瓦饰造型奇特，室内大量运用铜制壁饰、铺首门饰、合页门窗饰等。金碧辉煌的宫殿内外，则大量使用金、玉、翡翠、明珠等贵重材料装饰。

室内家具，周代盛行的几、案、床在设计和功能方面都有了改进。案分食案、书案和奏案，有的还做成二层案。床，大者为床，小者为榻，坐卧兼用。有的人家居室内还布置有铜镜、梳篦、奁、盒等梳妆器具，以及香炉、痰盂等。秦汉时期，家具流行的新特点是普遍挂帷帐和屏风。帷帐主要施用于门窗，挡风寒和蚊蝇；屏风主要置于床后或侧面，以隔绝内外。东汉末年，曹操刺杀董卓时，就因为董卓从床后屏风上的镜子里看到曹操正拔刀而惊起，故而没有成功。

秦汉住宅讲究风水禁忌，由此，堪舆和相地盛行，并上升到一定的理论高度。堪舆相地术以阴阳五行、干支、八卦、天人合一、人鬼感应等观念为基础，内容涉及阳宅和阴宅的位置、朝向的选择，以及它们的布局、营建等。其核心内容是：人世的吉凶与阴阳宅的选择有关。阴阳宅选得好，家人上可为帝王，下可出将入相，飞黄腾达；选得不好，家人穷困败落，家破人亡。因此，家家为选阴阳二宅而忙碌，风水先生则大行其道。传统的堪舆相地术充斥着迷信和糟粕，同时在一定程度上体现着中国古代建筑美学思想，对中国古代居住文化产生过重大影响。

四、从秦汉古道到丝绸之路

秦始皇统一六国后，为了巩固政权，并抵御北方匈奴的骚扰，在战国时期交通网络的基础上，修筑了著名的驰道和直道。秦代的驰道以国都咸阳为中心，向四方辐射，从而将全国各郡和重要城市连接起来。驰道有统一的质量标准：路面

位于四川广元一带的古栈道　　　　浙江绍兴的汉代驿亭，是汉代遗留的最早的驿亭遗迹。

幅宽为50步，约合70米；路基高出两侧地面，以利排水，并用铁锤把路面夯实；每隔三丈种一株青松，作为行道树；除路中央三丈为皇帝专用外，两边还开辟了人行旁道；每隔10里建一亭，作为区段的治安管理所、行人招呼站和邮传交接处。驰道是专供秦始皇出巡时行驶车马的御用道路。随着时间的推移，到汉代，驰道已不只皇帝专用了。秦代的直道只有一条北通九原的北方直道。据古书记载，为抵御北方匈奴的骚扰，公元前212年，秦始皇下令蒙恬率20万大军，边驻守边关，边修筑一条长约1400公里的直道。仅仅用了两年半的时间，直道就修筑完毕。这条直道沿途经过陕、甘等省，穿越14个县，直至九原郡（今包头市）。直道宽60米左右，可并排行驶12辆大车。直道沿途是星罗棋布的支线，每条支线的宽度可并排行驶2至4辆马车。这条直道正式使用后，秦始皇的骑兵从距咸阳不远的云阳出发，三天三夜即可抵阴山脚下，出击匈奴。秦代的驰道和直道，在秦王朝短暂的历史中虽没有充分发挥应有的作用，但却为汉朝以后的陆路交通做出了巨大贡献。

除驰道和直道外，秦汉以京城为中心，向四面辐射的古道有：自长安而东，出函谷关，经洛阳、定陶而达临淄，为东路干线；自长安向西，抵达陇西郡，为西北干线；自蒲津，渡黄河，经平阳、晋阳，以通平城，为河东干线；自长安向西南经汉中，以达成都，并远至云南，为西南干线；自长安向东南出武关，经南阳，以达江陵，

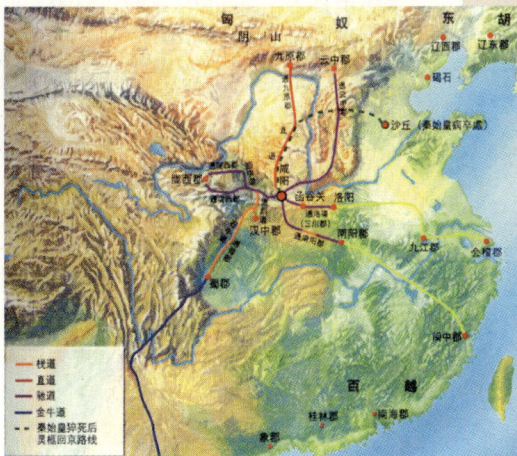

秦国交通图，可见秦朝的主要交通干线。

唐画《张骞出使西域辞别汉武帝图》，表现的是汉武帝带领群臣到长安郊外为出使西域的张骞送行。

并继续南行，为南路干线。此外，还有剑阁道、米仓道、清溪道、石门道、平道、回中道、井陉古道等等。四通八达的交通网，促进了经济的发展和物质文化的交流。

在陆路交通方面，汉朝开辟了誉满中外的丝绸之路。丝绸之路的开辟，张骞和班超做出了杰出的贡献。公元前138年和公元前119年，面对日益强大并对汉朝构成威胁的匈奴，汉武帝派张骞两次出使西域。当时的西域，是指现在甘肃玉门关以西，包括新疆、中亚直到欧洲的广大地区。张骞两次出使西域，历尽千辛万苦，加强了与西域各国的联系。此后，通过丝绸之路，中原与西域各国间的使者和物资交流日益频繁。东汉时期，匈奴再次强大并威胁汉朝，汉明帝派班超来到西域，制伏了匈奴，保证和维护了丝绸之路。丝绸之路的具体路线是：自长安出发，沿渭水西行，经黄土高原、河西走廊到达敦煌。由敦煌西行分南北两条道路：一路沿西藏北部的山麓而行；另一路则穿越沙漠，经吐鲁番盆地和焉耆，沿天山南路而行。两路在喀什会合，然后经阿富汗、伊朗和中亚诸国，过地中海，到达丝绸之路的终点古罗马城或威尼斯。这条路由于以丝绸贸易为主，因此被称为丝

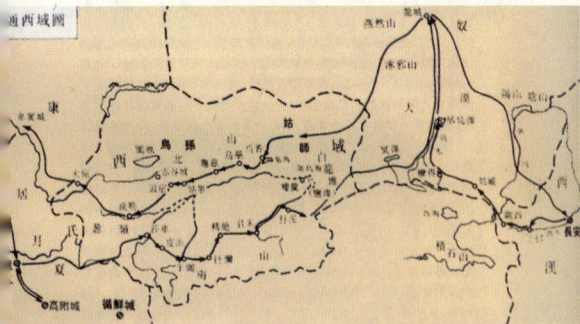

张骞出使西域示意图

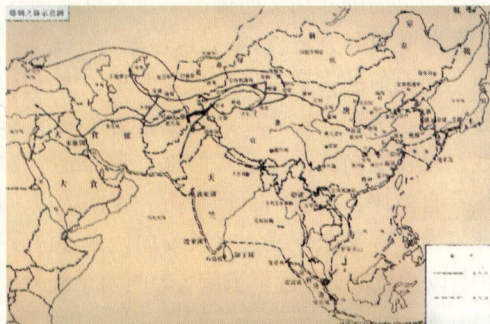

丝绸之路示意图

东汉《车骑出行图》。1972年在内蒙古和林格尔发掘的一座大型古墓葬壁画。

绸之路。在古代交通工具简陋的条件下，商人和使者们行走在丝绸之路上，旅程十分艰难。后来，晋朝高僧法显描述丝绸之路的艰险："沙河中多有恶鬼热风，遇则皆死，无一全者。上无飞鸟，下无走兽，遍望极目，欲求渡处，则莫知所以，唯以死人枯骨为标识耳。"唐朝诗人李白描绘丝绸之路上的恶劣天气："五月天山雪，无花只有寒。"丝绸之路开辟后，虽路远而险恶，但它仍成为中西交流的主要通道。唐代诗人张籍在《凉州词》中生动地描述了丝绸之路的繁忙景象："边城暮雨雁飞低，芦笋初生渐欲齐。无数铃声遥过碛，应驮白练到安西。"丝绸之路的开辟，有着极为深远的意义。它沟通了中亚和西亚，带动了沿途经济的发展，敦煌、高昌、碎叶、楼兰等成为繁华的集镇和城市，因此，它成为世界性的东西大商道和古代东西方文明联系的主要纽带。

敦煌郡效谷悬泉遗址，该地是河西走廊的重要驿站。

秦始皇统一中国后，实行"车同轨"，即全国车辆使用同一宽度的轨距。这就意味着车上主要零部件都有统一标准。"标准化"的要求无疑促进了车辆的发展，秦始皇兵马俑庞大的阵容，形象地展现出秦代车马的发展情况。到了汉朝，车有了很大变化。单辕车逐渐减少，双辕车大大增多。因战场多用马，车的主要用途也由战场而转为载人装货。汉代按照等级制度形成了严格的用车制度。天子乘坐的车叫"路"，王有五路：玉路、金路、象路、革路、木路，其中玉路第一，非王者不得乘坐。太子乘"青盖车"，皇孙乘"绿车"，皇太后乘"金根车"，皇帝亲耕时乘"耕车"，皇帝打猎时乘"猎车"，一般官吏和市民乘轺车、辎车和骈车，贫者出行多用牛车，商人不得乘马车，可见对商人地位的鄙视。

秦始皇阅兵的场面，可见当时马、车在军队中的地位。

值得一提的是，秦汉时期还有特殊用途的车，较著名的一是丧葬用的温凉车，一是押解囚犯的槛车。温凉车的使用，是从秦始皇开始的。相传，秦始皇东巡时死于途中，正逢炎热的夏季，丞相李斯秘不发丧，将秦始皇安放在车内。为防尸臭外溢，以冰块围护棺外，并同时载鱼而归，以腐鱼的气味隐瞒消息。此后，温凉车专用于丧车。汉代押解囚犯用的槛车，用粗木制成，驾之以牛，有兵士押送。从汉代开始，这种槛车一直沿用到清代。

秦汉在交通要道上设有亭、传、邮、驿。亭是供旅客住宿的地方，一般是10里一亭，主亭之吏称为亭长。亭长除管辖亭外，还负责当地治安和争讼。汉高祖刘邦曾是沛县的一个亭长。传是供官吏住宿的地方，并备有车马专供官吏乘坐，一般是30里一传。邮是传递短途文书的机关，5里一设。驿是马站，30里一置，供传送文书和奉使往来之用。来往邮路上的驿使或邮差穿着特定的服装，他们头戴红头巾，臂着红套袖，身背赤白囊，在驿路上来回奔驰，很是醒目。那时，邮驿速度较快，马传一天三四百里，车传可行70里，步行可走四五十里。据史书记载，东汉著名科学家张衡制造出世界上最早的测试地震的候风地动仪后，有一天地动仪西边的一个龙头的含珠掉落到蛤蟆嘴中时，洛阳城许多人还不相信会发生地震。过了几天，陇西就有驿传飞马来报，证实那里发生了地震。这说明，当时邮驿传达信息迅速而且准确。

秦汉水路交通更加发达。公元前214年，秦始皇征发大军50万经略岭南，并命史禄筹划打通运输粮草的水道。杰出的水利专家史禄带领数十万秦军，开石劈山，经过5年艰苦的劳动，开凿了长33公里的灵渠，打通了湘江和漓江之间的船运。这样，珠江和长江水系首次连在一起，解决了秦始皇南征的运粮草问题。汉武帝时，关中开凿了许多渠道，其中从长安引渭水东通黄河的漕运最为有名。东

汉代张掖都尉
启信，是汉驿传制
度的重要证据。

汉时，王景负责治河，自荥阳至千乘口筑长堤千余里，使汴渠得到安全漕运。东汉末年，曹操为军事运输和农田灌溉大开河渠，沟通了黄河、淮河和长江三大水系，使华东的水上交通更为便利。

随着水路的开通，我国造船业出现了第一个高峰。据记载，秦始皇在统一中国南方的战争中曾组织过一支能运输50万石粮食的大船队。到汉代，以楼船为主力的水师已十分强大。楼船，顾名思义，就是在船上建楼数层，高10余丈，每层都建有高约3尺的"女墙"，既用来防御敌人弓箭的袭击，又能开墙上的窗射击敌人。楼船上设备齐全，已使用纤绳、橹、帆、楫等。据说，在一次战役中，汉朝出动了楼船2000多艘，水军20万人。楼船的建造和发展，是我国造船技术高超的标志。三国时期，吴用造的战船，最大的上下五层，可载3000多人。晋朝灭东吴时，派出的楼船最大可载2000余人，舱面上建有瞭望台，船上可以驰马往来，被称为"舟楫之盛，自古未有"。而以造船业见长的吴国在灭亡时，被晋朝俘获的官船就有5000多艘。到南朝时，江南已能建造1000吨的大船。为了提高航行速度，

广西兴安县灵渠口

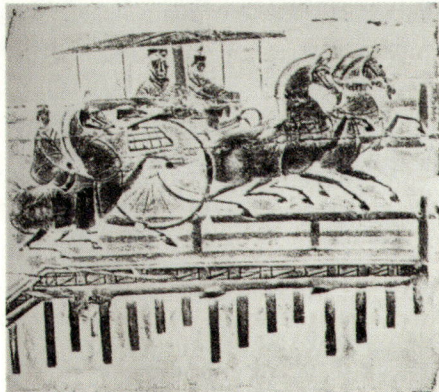

成都青杠坡汉墓画像砖中的桥梁

日本佐贺县阿须贺神社内的徐福宫

南齐大科学家祖冲之建造了千里船，在新亭江试航，日行百余里。千里船在船上装有桨轮，利用人力以脚踏车轮的方式推动船前进，被称为"车船"。这种以脚踏车轮的方式推动船的前进是一项伟大的发明，它为后来船舶动力的改进提供了新的思路，在造船史上占有重要地位。

我国的航海业起步较早。春秋战国时期，齐、吴、越等沿海诸侯国的航海活动已粗具规模。齐桓公称霸后，齐国成为能直接控制环绕山东半岛及渤海航行的海上强国，甚至还能控制远达东海和钱塘江口的航线。吴国的地理环境也非常优越，海上运输有悠久历史，被人们称为"不能一日而废舟楫之用"的国家。秦朝统一中国后，我国的航海业得以发展，秦始皇曾四次巡海，并组织了几次较大规模的航海活动，徐福东渡就是其中的一个重要事件。徐福是战国末年齐国的一个方士，他利用秦始皇巡海求仙的心理，谎称自己在海中仙岛上找到了仙人和长生不老药，可是仙人嫌礼品太薄，要求带大量五谷及百工男女数千人才行。"秦始皇大悦，遣振（儿童）男女三千人，资之五谷种种百工而行。"结果徐福第二次出海后就再也没有回来。据考证，徐福可能是从琅琊港出发北上到了日本。据日本史书记载：徐福率童男女五百人，携五谷种子及耕作农具渡至日本，在熊野津登岸，从事耕作，养育男女，子孙遂为熊野之长，安稳度日。徐福等人因此成为日本最早的居民。徐福率童男女东渡日本的故事虽不确切，但表明我国秦时的航海能力已居于世界领先地位。至今，日本仍保存有徐福墓和徐福宫。

第四章 汉胡相杂，南北异趣

魏晋南北朝时期，战乱频仍，王朝更替频繁，人口流动加快，民族融合加深。在少数民族文化和汉族文化的交融和碰撞中，衣食住行等风俗相互融会，呈现出汉胡相杂的景观。同时，由于南北地理环境的差异，民族源流的不同，以及南北政权割据等原因，衣食住行又呈现出南北异趣的特点。

一、褒衣博带，胡服汉化

这时期，由于战乱和动荡，各民族间交往加深，各民族服饰文化相互交融并形成新的特色。一方面，一些少数民族政权的执政者受到汉族文化的熏染，仰慕汉族服饰，提倡穿汉族服装。北魏孝文帝禁胡服倡汉装就是一个典型的例子。北魏孝文帝是一位颇具远见卓识的政治家和改革家，他仰慕悠久的中原历史文化，清醒地意识到北魏拓跋人与汉族之间的差异。为了缩小这种差距和推动本民族的发展，他毅然在北魏推行汉化改革，从服饰入手引入汉族文化，以汉族服装取代鲜卑服装。在孝文帝的不懈努力下，改革取得成功，北魏改穿汉族衣冠。另一方面，这时期由于北方人大量南迁，南方各民族间相互影响，汉族开始穿窄袖短衣、长皮靴的胡服。这样，秦汉流行的深衣在民间渐渐消失，胡服开始在中原地区广为流行。

这时期，男子头冠除普遍戴巾帻外，官宦士绅开始

戴冕冠的北朝皇帝

戴远游冠及武
弁的魏晋男子

戴乌纱帽。乌纱纱制成而得名，服之列而被比喻是"戴上了乌纱纱帽也因表示吉用。

帽因用黑色的帛又因它被用在官成官位，得了官就帽"。与此同时，白祥而为皇帝所专

魏晋服饰最具时代性的特点是褒衣博带、宽衣大袖。如现存的魏晋《竹林七贤图》中，阮籍、山涛、向秀、刘伶、阮咸、王戎、嵇康等士庶儒生个个宽衣博袖，在晋代画家顾恺之的传世作品和敦煌壁画中也有不少这种服饰形式。可见，"一袖之大，足可以为襦"，代表了当时的服饰特色。这种服饰的产生，是特定社会历史环境下的产物。因为汉末以来，军阀割据，时局动荡，人们心理失衡，从而产生了及时行乐和逃避现实的思想。诸多文人士子对生活失去了信心，在思想上追求道教玄学，注重旷远和开放，在生活中追求颓废荒唐，在衣着上常以怪诞为雅尚，以病态为时髦，并由此引出了许多离奇可笑的故事。如被称为"竹林七贤"之一的刘伶，喜欢纵酒，常常

南北朝时戴平巾帻，穿裲裆、裤褶，执仪剑的门官。

东晋《竹林七贤图》中的部分人物

晋代织履

东吴时期的连齿木屐

穿交领窄袖
袍的北魏妇女

裸体在室内狂饮。一次，有人来拜访他，进门后见他赤裸醉酒的样子，便责备他，可他却回答说："天地是我的房屋，屋室是我的衣裤，你怎么跑到我的裤子里来了？""书圣"王羲之在东厢坦腹而卧，根本没把太尉郗鉴择婿放在心上，结果竟被选中。扬州从事顾和停车在州门口，见到朝中重臣周颛路过，仍扪虱不为所动，因而受到周的大力举荐。这三则故事反映了当时人的心态和社会习尚。

在此风影响下，妇女服饰也宽衣博袖。与男子服饰不同的是，魏晋南北朝妇女的衣着特点是"上俭下丰"。上俭，指的是衫襦等上衣都比较窄小合体，但两只袖子仍很宽博；下丰，指的是下裙部分十分宽博，其长度往往是"一裙之长，可分为二"。这种服饰大量采用轻软细薄的罗纱缝制，追求一种若隐若现的效果，从而充分体现出女子体貌的动人之处。梁代诗人沈约的《少年新婚中咏》中就有"裙开见玉趾，衫薄映凝肤"的艳词。这种女服的流行，反映了魏晋以来传统儒学礼教观念的大崩溃。

受胡服的影响，胡服中的裤褶和裲裆开始盛行。裤褶的形制是上衣下裤，经过变左衽、变小袖为大袖的改造，南北朝时已为汉族社会所吸纳，并得以流行。裤褶的流行，改变了汉族"上衣下裳"的传统。裲裆，只有胸背两片，并用织物在肩部或腰部将两片连接起来。后世的马甲就由此演变而来。此外，合裤袄子、蹀躞带、靴、毡帽、辫发等胡式服饰也在此时为汉族社会所吸纳。

此时的鞋履，质料更加考究，制作更为精良，形制也更为丰富。南朝诗人在《河中之水歌》中所吟咏的"头上金钗十二行，足下丝履五文章"，可见当时鞋的光鲜艳丽。除此之外，南北朝时鞋的最大特点是木屐的流行。木屐是一种用木或竹为主要材料制成的凉鞋。它的样式有多种，如平底屐、竹屐、棕屐、连齿木屐等。南朝著名诗人谢灵运为排解对朝政的不满，终日游历于山水之间，他发明了一种可以随意拆装的登山木屐。"上山则去前齿，下山则去后齿"，很是方便省力。

内蒙古达茂
旗西河子北朝墓
出土的金步摇

李白在诗中说："脚著谢公屐，身登青云梯。半壁见海日，空中闻天鸡。"这里的谢公屐就是活齿屐。木屐不但用于民间，而且还常用于军中。魏国司马懿入蜀作战，道路上多长有蒺藜，士卒穿着履鞋常常被扎，影响行军速度。于是，司马懿传令让军士穿上木质平底屐，从而有效地防止了蒺藜的扎刺，加快了行军的速度。尽管木屐因为穿着随意而被视为一种时髦，但它始终不能被用于正式的礼仪场合。除流行木屐外，这时期还盛行穿靴鞋，用牛、羊、马等皮制作的高筒靴式样繁多。

魏晋南北朝时期，妇女的发式更是花样翻新。除流行各种凌云髻、随云髻、百花髻、流苏髻、堕马髻等外，最著名的当属灵蛇髻。关于灵蛇髻的由来，据《采兰杂志》记载，甄后入魏宫后，常常看到一条绿蛇在其寝宫中爬来爬去。每当甄氏梳妆，它便盘作一团出现在甄氏身边。甄氏感到很奇怪，于是就模仿它盘绕的

河南郑县南北朝墓壁画中梳飞天髻的"飞天"

山西大同北朝墓壁画中穿深衣的妇女

晋代顾恺之《洛神赋图》中梳灵蛇髻的妇女

青釉灶

北齐墓出土
的用来烙饼的鎏
金铜三足炉

形状梳成各种发髻。结果，发髻巧夺天工，每日不同，深得天子的喜爱和妃嫔们的欣羡，灵蛇髻由此风靡一时。这时期还盛行用假髻装饰头部。因为假发贵重，一般贫家女子无力置办假髻，为了应付一些必要的场面，也要设法向别人借用，"借头"一说便由此而来。值得一提的是，这时男子有傅粉之俗，贵族子弟"无不熏衣剃面，傅粉施朱"。女子除在脸上施粉外，还在脸上施额黄、贴花黄和涂口红。古乐府《木兰辞》中曾描述木兰："当窗理云鬓，对镜贴花黄。"

二、纵情酒色的权贵和名士

魏晋南北朝时期，我国的食品业和饮食文化有了很大的发展。这时期，饮食最重要的进步在于炒菜的出现和普遍应用。汉以前菜肴的制作主要是煮、炸、烤，口味较单调。炒菜的发明改变了煮、炸、烤统治烹饪领域的状况，显示出中国菜肴的独特风味。炒的方法包括清炒、煸炒、抓炒、大炒、小炒、生炒、熟炒、干炒、软炒、老炒、溜炒、爆炒等，炒菜的原料有末、丁、片、丝、条、球、块等各种蔬菜和肉类的配伍。炒菜最讲究的是火候，史书描述了此时期一位厨师坐灶旁观火候的情景：他倚在灶边，一条腿支撑着，一条腿抬起来，目不转睛地站在那里，观察火候，别人招呼他，他也听不见。只听他一会儿说："要猛火！"于是灶下烧火的把火弄旺，如赤红的太阳。他一会儿说："要撤火！"烧火的便迅速减柴。他说一声"暂停"，烧火人便弃柴不烧了。他指挥若定，仿佛是面临强敌的将军。后来，清代的袁枚在《随园食单·火候须知》中说："熟物之法，最重火候。有须武火者，煎炒是也；火弱则疲矣。有须文火者，煨煮是也；火猛则物枯矣。有先用武火而后用文火者，收物之汤是也。"可见，火候的掌握同调味一样，只可意会，不可言传。炒菜的发明是中国烹饪史上的一件大事，这种由多种菜搭配而成的烹饪方法，花样繁多，可荤可素，营养丰富，正好适应了中国人饮食以粮食为主、以菜为充、以肉为益的饮食习俗。

65

随着饮食文化的繁荣，魏晋南北朝时期，饮食文化的著述大量涌现，最著名的当属北魏贾思勰的《齐民要术》。该书记载了酒发酵法、酱法、豉法、炙法、饼法等多种烹饪技术，对精盐、饴糖、蜜饯、果汁、豆酱、鱼酱、虾酱、肉酱、酸酱、酒曲、奶酪、腊味、泡菜、腌酸菜及多种糕点等的制作都作了具体的记述。《齐民要术》反映了当时饮食方面的丰富内容，代表了当时的饮馔水平，是古代关于食料和饮食文化的一部总结性著述，在中国饮食文化史上占有重要地位。

乱世时代，奢侈之风刮遍朝野。帝王权贵们纵情享乐，浆酒霍肉，肆情挥霍。西晋时期，位至三公的何曾生活极其奢侈，日食万钱之费却还说没有下筷子的地方。他食蒸饼，非要蒸得开裂有十字纹的才吃，表现出一种变态的饮食心理。何曾的儿子何劭骄奢更甚，吃饭"必尽四方珍异，一日之供以两万钱为限"，奢华程度甚至超过皇帝。而晋武帝的母舅王恺与巨富石崇斗富，王恺家里洗锅用糖浆而不用水，石崇则以白蜡当柴烧。一次酒宴上，二人比阔，王恺请客人饮酒，命美女在一旁奏乐，乐声稍有走调，美女即刻就被拉出去杀掉。石崇也不逊色，让美女为客人劝酒，如客人不饮，美女也遭杀害。而石崇的客人竟故意缄口不饮，结果连续三个劝酒的美女成了酒筵前的刀下鬼。南朝齐的皇帝萧宝卷荒淫无度，他在宫苑中立市做买卖，让宫女当酒保，宠妃潘氏为市令，自任市魁，游玩取乐。

与权贵们的豪奢相映照的，是名士们纵酒放达、不务世事、放诞不羁。魏晋名士最突出的特点是一面清谈玄理、轻视世事，一面纵情酒色、洒脱不凡。何晏是曹魏年间的名士，他好女色，求房中术，爱穿妇人之服，服五石散以求长生。魏

贾思勰的《齐民要术》。它是北魏时期的一部综合性农书，是世界农学史上的名著之一，被誉为"农业百科全书"。

魏晋时期墓壁砖画表现的蒸馒头、烙饼的场景。

《炊事揉面图》。女仆跪于厨房地上揉面团，可见当时面食的盛行。

山东诸城出土的汉末《庖厨图》。厨房内放满肉食，是为了供应宴会所需，而仆人也忙于切肉，为宴会做准备。

晋"竹林七贤"中的阮籍嗜酒，他胸怀济世之志，但与当权的司马氏有矛盾，便常纵酒佯狂，每当醉酒之后就跑到山野荒林长啸，以发泄胸中郁闷之气。"竹林七贤"中的刘伶生性好酒，放情肆志，常乘鹿车，携壶酒，让人扛着铁锹跟在他后面，他说："我不论在何处一死，你即刻把我埋在那儿。"有一次，刘伶醉后与一大汉发生摩擦，那人卷起衣袖挥拳就要开打。刘伶冷冷地说："我瘦如鸡肋一根，没有地方好安放您这尊拳。"大汉一听敛起怒气，哈哈大笑。东晋田园诗人陶渊明诗不离酒，夏日闲暇之时高卧北窗之下，清风徐徐，醉酒写诗，自成千古佳句。

随着烹饪水平的提高，这时涌现出许多美食家。善于辨味的美食家最早的首推春秋战国时代的师旷和易牙。师旷是春秋晋平公的一位盲人乐师，有一次他端起一碗饭尝一口，说是破旧器具劈的木柴所烧成，晋平公派人察看，果真如此。易牙是齐桓公的厨师，传说将齐国境内的淄水和渑水放在一起，易牙就能品尝分辨出哪是淄水，哪是渑水。魏晋南北朝时期，最著名的知味者当属苻朗。有人曾杀了鸡做熟给他吃，他一看便说这鸡是露天养的而不是笼养的。有一次，苻朗边吃鹅肉边指点着说哪块肉上长的是白毛，哪块肉上长的是黑毛，人们不信。有人专宰了一只鹅，将毛色异同部位仔细作了记录，苻朗后来说得竟毫厘不差。晋朝还有一位叫皇甫谧的辨味高手，一次他去拜访好友卫伦，卫伦叫仆人取出一种干粮来招待。皇甫谧一尝，知道干粮主料是麦面，但含有杏、李、柰三种果味。于是

《夫妻对坐图》中的丝绸帷幔、方格几以及火盆等。

他问卫伦："三种果子成熟季节不同，你是怎么将他们糅合在一体的呢？"卫伦笑而不语。等皇甫谧走后，卫伦才感叹地说："这老兄识味的本事真大。我是把麦面在杏成熟时糅以杏汁，在李、奈成熟时又糅以李、奈汁，所以才兼有三种味道呀！"这些美食家经过长期经验的积累，已达到了一种境界。

三、几度兴废话古都

魏晋南北朝时期，在动乱和民族融合的过程中，邺城、洛阳、建康等古都几度兴废。曹操建立魏国后，定都邺城，将宫苑集中在内城北半部，居民则在内城的南半部，由此开创了一种崭新的城市布局。城内有处理政事的文昌殿、听政殿等，有用于宴乐游艺的铜雀、金虎、冰井三座高台，三台之间有美轮美奂的两座阁道吊桥。在《三国演义》中，这二桥演义成了吴国故主孙策之妻大乔和吴国大将周瑜之妻小乔。唐代诗人杜牧在诗中写道："东风不与周郎便，铜雀春深锁二乔"，即是说假如东风不给周瑜以方便的话，江东的二乔就要被曹操深深地闭锁在铜雀台上了。后来在战乱中，邺城遭到很大破坏。到后赵时，后赵国君石虎决定在旧址上重建邺城。新邺城建有逍遥、披云、琨华、金华等楼殿，新殿用金银作饰，黄铜作铸础，珍珠织帘，美玉镶壁挂，富丽堂皇到了极点。在城内新筑的灵风台上还蓄养美女万名。在朝代的更替中，邺城几度被废。至东魏北齐时，权臣高欢又在邺城大兴土木，重建了不少宫殿禁苑。最终，这座数度废兴的古都被北周政权所摧毁。

曹丕称帝后，正式定都洛阳。曹魏在洛阳建园筑台，奢华至极。但后来匈奴

河南郑州出
土的汉末陶院落

南北朝时登封嵩岳寺塔

攻破洛阳，宏伟的古都被焚烧成一片废墟。北魏孝文帝时期，重建都城洛阳，但经东魏高欢和宇文泰在洛阳进行拉锯战后，洛阳重成一片废墟。建康是三国孙吴、东晋、刘宋、萧齐、萧梁和陈朝六朝的国都，经过几朝营建，建康成为名副其实的帝王之宅。总的来说，这时期的宫殿都位于都城中轴线的北部，并且将秦汉时期朝宫的"前殿"改称为"太极殿"，将东西厢扩展为东西堂。

南北朝时期，在动荡不安的形势下，北方地主豪族联合乡村住户建起带有防御性的堡坞。堡内可容住户几十户到万户，俨然一座城池。同时，一些士族富商和文人名士钟情于建造私家园林，在园林开池堆山，建亭台楼阁，植花草树木，体现出士族和名士崇尚自然的风尚。

值得一提的是，魏晋南北朝时期，因为统治阶级的提倡，佛教大为兴盛，与此相应的是佛寺殿塔大量兴建。北魏孝明帝时，京城洛阳有佛寺近百所，周围寺庙6400余所。东魏末年，佛寺达3万余所。南朝的佛寺，从晚唐诗人杜牧的"南朝四百八十寺，多少

安徽涡阳出土的庄园内的陶戏楼，是目前所知最早的戏楼形象。

楼台烟雨中"诗句中可窥见其盛况。这些寺内楼阁鳞次，花木扶疏，呈现出中国传统建筑与佛教内容相融合的特征。此外，这时期还修建了丰富多彩的佛塔，如洛阳永宁寺塔、登封嵩岳寺塔等。这些塔基本采用传统的砖木结构，轮廓与装饰各不相同，成为当时建筑文化的一个重要方面。

北齐杨子华绘《校书图》，反映了当时士人坐在胡床上校书的情景。

家居方面，当时的家具主要是床，既是坐具又是卧具。胡床作为可折叠的坐具，本出自少数民族。由于它携带方便，可开可合，东汉时期已进入汉族地区，但流行未广。到了魏晋南北朝时期，胡床得以普遍使用，并形成了"交胫肆踞"的胡坐。由于胡坐比汉族传统的跪坐和箕踞更舒适，随着胡床的普遍流行，席地而坐之风几乎绝迹。当时还流行三足的凭几。凭几出现之初，只是放在坐者面前供凭倚用。随着胡床的普及和箕坐的流行，凭几置于身后，用于靠倚。凭几的出现及其功用的改变，对唐代以后靠背椅的产生起了先导作用。此外，传统的榻、几案、屏风、方凳、圆凳等仍然是富裕人家的重要家具。

六朝画像砖，反映了当时建筑材料的发达程度。

　　建材和工艺方面，随着砖瓦质量的提高和品种的增多，一些砖石结构的佛塔寺庙显示出结构和工艺上的高超水平，并对后世的居住文化产生了深远的影响。而传统的木结构建筑也发生了很大变化，主要有：高台榭建筑已大为减少，宫殿、豪宅和寺庙的组合中盛行以回廊相连接，斗拱兼承出檐和天花下木枋，凹曲屋面开始出现并流行等等。在装饰上，许多随同佛教艺术而传入的印度、波斯和希腊风格的装饰纹样，如火焰纹、莲花纹、飞天、金翅鸟等用于装饰上，使装饰花样更为丰富多彩。

四、形形色色的路上人

河南洛阳东晋墓中出土的铜牛车

　　几千年来，来去匆匆、风雨兼程的行人创造了灿烂的行路文化，而这些形形色色的路上人本身也是行路文化的重要载体。古代的路上行人，多是战俘、流民、使者、商人、旅行家、行吟诗人、游民、乞丐等。他们各具特色的活动演绎了丰富多彩的行路风情。

　　因战争而导致的战俘和流民多在路上扶老携幼，构成大规模的人口迁移。据统计，战乱严重的南北朝时期，在不到100年的时间内，仅北魏王朝就迫使100万俘虏迁徙。这些被迫离乡背井、颠沛流离的俘虏在路上饱受屈辱，思乡断肠，一派凄惨的景象。历史上最有影响的一次战俘迁移是北宋末年的"靖康之耻"。靖康元年，金兵大举南下，攻破宋都东京，徽宗、钦宗皇帝父子成了阶下囚。金军检视府库，将宋皇室的金银财宝劫掠一空，同时被掳走的还有大批百工、伎艺、妇女、内侍、医卜、后妃、亲王等。河南阳武县令的

六抬肩舆。舆轿本是贵族的交通工具，魏晋南北朝时逐渐普及，平民也可使用，只是形式有所区别。这顶肩舆由6人抬杠，装饰富丽，虽是初唐时所绘，但与南北朝时差别不大。

甘肃嘉峪关魏晋壁画中的快马驿使。可见当时驿使传驿的情况。

女儿年刚及笄，被金兵掳去，随军押往北方。在夜宿河北雄州驿馆时，她题字馆中，抒发了自己去国离乡的悲惨心情：

> 朝云横度，辘辘车声如水去。
> 白草黄沙，月照孤村三两家。
> 飞鸿过也，百结愁肠无昼夜。
> 渐近燕山，回首乡关归路难。

这首《减字木兰花》反映出她对家乡山川草木的留恋，对国破家亡、前途渺茫的凄恻。与战俘不同，流民则是为躲避战乱而远走他乡。战乱和饥荒年代，这些穷困无以为生的流民成为散落在路上的一道风景线。

信使和使节因承担特殊的使命而奔走于各地。信使因为任务有时间限制，行色匆匆，路上行人都要对他们避让，馆驿为其提供食宿和车马，所以才有"飞马传递"之说。古代还有许多使节奉命出使，他们常以雄辩的口才、严密的逻辑推理和个人魅力而影响政局和军事力量的对比。春秋战国时期，各国之间弱肉强食，合纵连横。为了政治的需要，各国使者接踵于道，从而涌现出晏子、蔺相如、苏秦、张仪等著名使节。中国历史上，像晏子使楚、蔺相如完璧归赵、张骞出使西域、诸葛亮出使东吴等，都是不辱使命、取得成功的突出例子。

在路上奔波的还有商人。商人将粮食、茶叶、盐、皮毛和药材等货物运到各地销售而获得利润。孔子的弟子子贡，放弃官职而在曹、鲁之间贩卖货物，成为孔子徒弟中最富有的人。鲁国的一个穷人猗顿在山东与晋南之间往来，做牛羊和盐的买卖，十年获利不计其数，以财富驰名天下。汉唐著名的丝绸之路也是大规模的商队开辟的。到后来，商人不仅组织起庞大的马帮和驼队，而且兴起了海上贸易运输。宋元以后，大批中国瓷器远销非洲和欧洲，谱写了中国海上航运的新篇章。

　　古代被罢黜的官吏、失意文人及少数从事地理和医药等科学技术的人寄情于山水，构成了旅行家群体。他们将沿途所见所闻写成大量的游记和诗词歌赋，成为古典文学宝库中独放异彩的珍品，也是后人研究古代交通和行路文化最宝贵的资料。唐宋著名的旅行家有柳宗元、王安石、苏轼、陆游、沈括等。王安石的《游褒禅山记》、苏轼的《石钟山记》、陆游的《入蜀记》等都记述了沿途所见所闻和心境。古代的许多旅行家也是出色的行吟诗人，最早的行吟诗人当推屈原。楚国的屈原被流放到江南，一路上眷顾楚国，心系楚王，长歌当哭，行吟不已。唐代，大批才华横溢的诗人都经历过离家求学、四方漂泊、仕途沉浮、战乱流离的旅行

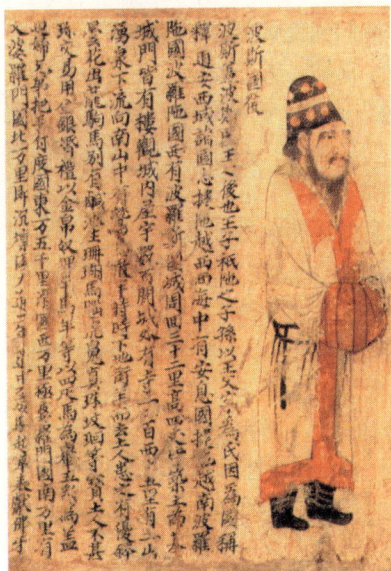

南朝梁萧绎画的《职贡图》中的波斯使者

《商人遇盗图》，敦煌唐代壁画。

《山乡行旅》,敦煌壁画中的世俗图。反映了人们行走于五台山的独特风情。

生活,如骆宾王、王勃、陈子昂、张九龄、王之涣、孟浩然、王昌龄、高适、王维、李白、杜甫、岑参、韦应物等。宋代还涌现出许多行旅词人,如范仲淹、欧阳修、苏轼、黄庭坚、李清照、陆游、辛弃疾等。行旅诗人的生活经历是复杂的,行旅诗的内容也很丰富。如岑参在《暮秋山行》中写道:"疲马卧长坂,夕阳下通津。山风吹空林,飒飒如有人。"形象地表现了路上人旅途的辛苦和孤独。

在古代,许多士人凭借渊博的知识在路上奔波,以求学和求仕,他们被称为游士。游士之风,始于春秋战国时期。当时各诸侯为称霸中原而广泛收罗人才,游士们就在黄河上下、大江南北积极活动。孔子、墨子、庄子、孙子、孟子、荀子、韩非子及他们的弟子,都是周游列国的游士。他们到处宣传自己的主张,向各国君主献计献策,推动了当时文化的繁荣和发展。汉初,天下安定,士人游学之风更盛。汉武帝四方广招贤良之士,如韩英、田生、孙弘、董仲舒等。唐代以后,随着科举制的建立和完善,游士越来越多,为了功名利禄,一批批学子离乡远行到著名的大城市求学,游士成为旅途中最常见的路上人。

在各色各样的路上人中,从古至今永无止息的还有乞丐和游民。乞丐,多因悲惨遭遇而跌入社会的最底层,他们在城镇巷陌中乞讨,在乡间村舍中蹒跚而行。唐代诗人白行简在《李娃传》中具体描写了沦为乞丐的书生沿街行乞时的惨状:"被布裘,裘有百结,褴褛如悬鹑。持一破瓯,巡于闾里,以乞食为事。自秋徂冬,夜入于烘塘窟室,昼则周游廛肆。一旦大雪,生为冻馁所驱,冒雪而出,乞食之声甚苦。闻见者莫不凄恻。"他们是最让人哀怜的群体。游民包括流浪艺人、江湖术士、窃贼、劫盗及其他游手好闲之徒。这些人不少靠歌舞、杂技、占卜、占星、医术等为生,足迹遍天下。而有些强盗和不法之徒则到处打家劫舍,以祸害百姓为生。

第五章 太平盛世，丰衣足食

　　隋唐结束了魏晋南北朝数百年的分裂局面，重新统一了全国。这时期，四夷臣服，物阜民安，政治开明，思想开放，中国的政治、经济、文化大发展，封建社会迎来了辉煌灿烂的极盛时期。魏晋南北朝时期的旧俗得以消化和整合，而其自由、开放的文化精神却得以延续并发扬光大，隋唐进入了一个气度恢弘、文化氛围浓厚而又自由奔放的时代。在经济繁荣、政权统一、生活安定、内外交流频繁、佛道二教兴盛的太平盛世，衣食住行表现出开放、奢靡、胡化、务实的鲜明特色。

一、霓裳羽衣，盛世衣装

　　在政治稳定、经济繁荣、文化开放、思想活跃的前提下，隋唐对中国礼服制度的完善，大大超过了前代。隋唐礼服制度主要包括冕服、朝服、公服和常服。

　　冕服是中国古代传统的大礼之服。隋炀帝重修了冕服制度，但因其统治时间短暂，未及真正全面修复就被唐朝取代了。唐朝依据前制，对冕服做了部分修改。后来，随着各种服饰种类的不断增加，官礼服饰的种类也不断增加，唐代的冕服使用范围就越来越小。

　　取而代之的是朝服和公服。朝服主要适用于朝会、陪祭、朝飨等场合。五品以上官员的朝服由冠帻、红纱衣、白纱内衣、白色裙裳、革带、红纱蔽膝、袜等组成。白纱内衣还缘上黑色的宽领，腰佩剑、玉佩和绶带等。五品以下官员朝服不佩戴剑、玉佩和绶带。为了辨别文武，文官穿朝服时要在冠上插一支白笔。公服是朝臣公事、

唐太宗像

佩绶的唐代官吏

见太子时穿的衣服，比朝服更简单，穿着场合更随便。公服与朝服基本相同，只是不系蔽膝，不加黑领，不穿白纱内衣，也不佩戴剑、玉佩和绶带。但要佩戴标志官员品级的小彩带——纷，以及装有纷的鞶囊。鞶囊的文饰具有区别品级的特征。

唐朝官员平时穿的衣服叫常服。常服通常是用带暗花的细麻布制成的圆领、窄袖、左右开衩的长袍。由于这种圆领袍简单、随意，又不失礼，深受人们的欢迎，上自天子，下至百官、庶士咸同一式。不过由于袍服过于简单，使得中国古代服饰中的等级制度难以明显地区别出来。于是颜色就成为区分等级的手段。唐高祖规定，赭黄色袍为皇帝专用服，群臣禁服，后人因而常常用"黄袍"比喻"帝位"。与此同时，对百官的服色也做了较为细致的规定：亲王及三品以上官员用紫色，五品以上用朱色，六品、七品用绿色，八品、九品用青色，平民用白色，而屠夫与商人只许用黑色，士兵穿黄色衣袍。唐代品色服制的正式确立，为中国古代官服制度增加了新的内容，成为继冕服和佩绶制度后第三种能有效区分等级的服饰标志，并且直接影响到后世的服饰制度。

陕西榆林窟壁画中身着展翅幞头、圆领袍服、佩鱼袋、持香炉和牙笏的唐代文官。

武则天像

　　武则天是中国历史上较有作为的皇帝，她掌握政权后，采取了一系列改革措施，其中一项就是废止李唐的部分服饰制度，改铭袍为上朝时穿的官服。这种官服也是一种圆领袍，为区分官员的等级，在袍的一定位置绣有不同的美禽悍兽等图案。如三品以上将军饰对狮，左右卫饰麒麟，左右武威卫饰对虎，左右豹韬饰豹，诸王饰盘龙，宰相饰凤池，尚书饰对雁。虽然武则天的服饰改制遭到许多撰史者的蔑视，但它毕竟为唐代官服制度增添了新内容，并且影响到明清的官服制度。

　　隋唐女装色彩鲜艳，花样繁多，款式开放。这一时期，妇女流行的主要服饰款式有短衫襦、高腰长裙、胡装盛服、女着男装，以及"袒胸"装。襦衫，因受胡汉不同民族传统的影响而形成不同的式样。贵族妇女襦衫的袖以传统的大袖为

唐周昉绘《簪花仕女图》中梳高髻，戴花冠，插金步摇，画蛾翅眉，穿披帛、薄纱衣、长裙的贵族妇女。

敦煌壁画中的供养人，反映了唐代妇女的优雅风韵。

主，而普通劳动妇女为了活动方便，则多用窄袖。襦衫的领式变化多样，常见的有方领、圆领、直领、斜领等。初唐时，宫中逐渐流行起低领露胸的服饰风尚。盛唐以后袒乳更为风行，不但宫中如此，民间也纷纷仿效。一时间，妇女们将传统的抹胸弃置一旁，皆以袒胸为美。当时诗人周在其在《逢邻女》一诗中生动形象地记述了这种情景：

日高邻女笑相逢，慢束罗裙半露胸。

莫向秋池照绿水，参差羞杀白芙蓉。

此外，唐代妇女在衣衫之外常加套一件半袖短衣的装束，这种半袖衣就是"半臂"。半臂一般袖子只有一半，有斜领和直领、斜襟和对襟两种形式。

裙子是隋唐时期妇女穿的主要下裳之一。这时期，裙子的特点，一是又肥又长，二是裙腰提得很靠上，甚至提到胸部。隋唐妇女的裙子种类繁多，主要有褶裙、百鸟裙、石榴裙、花笼裙等。百鸟裙是用多种鸟的羽毛捻成线，再同丝一起织成面料而制

唐代壁画中穿襦裙的初唐妇女

穿大袖透明衫的唐代妇女

穿交领大襟
袍的唐代妇女

成的裙子。据说，唐中宗的女儿安乐公主命人汇集百鸟羽毛织成的裙子，根据观赏角度和光亮程度的不同，裙子的颜色相互变换，尽现百鸟之状。这种裙子，工费"巨万"，但许多富家仍仿效。花笼裙是唐代上层贵族妇女中流行的裙子，是用一种轻软、细薄、半透明的"单丝罗"织绣而成，上面有用各种颜色的丝线绣出的花鸟等图案。这是一种穿在一般裙子外面的罩裙。石榴裙是一种单色红裙，在唐代年轻女子中尤为盛行。唐代诗歌中有很多关于石榴裙的描写，如万楚在《五月观妓》中就有"眉黛夺将萱草色，红裙妒杀石榴花"。后来人们常常把某些男人为女子所征服，说成是"拜倒在女人的石榴裙下"。

披帛，是唐代妇女衣装的主要附件，是用轻细的纱罗裁制而成的长巾，上有各种颜色和图案。披用时，将帛巾披绕在肩背上，两边随意绕在手臂上自然下垂，同时配以半臂或漂亮的长裙，显得女性妩媚大方，故深受妇女的喜爱。唐代形成的披帛之风，对后世的影响是长远的。直到民国时期，仍有一些女子保留着这种服饰风格。

女着男装，是唐代妇女服饰的又一突出特色。女子爱着男装，主要是头戴折上巾，身穿翻领或圆领袍，腰间系镴蹀带，下穿小口裤，脚穿黑、红皮革靴或锦履。唐代女子的这种装束，最早见于宫中。据《新唐书》记载，唐高宗年间，有一次在宫中举行的宴会上，太平公主身穿这种男装在高宗面前献舞，高宗看了哈哈大笑。他问太平公主："女子不能做武官，你为什么偏偏喜欢穿这种衣服呢？"太平公主大概就是唐代女着男装的始作俑者。唐开元以后，女着男装之风逐渐传入民间。到唐中晚期，女着男装成为没有贵贱之分的时髦装束。据《唐语林》描述，武宗时王才人得宠，经常与武宗皇帝一同出游射猎。出行时，她常与武宗穿

《虢国夫人游春图》，唐张萱作，宋摹本。卷中描绘了秦国、虢国二夫人带领仕女等游园的情景。卷中仕女梳各种髻，披帛，穿高腰裙，有的女着男装。

一样的衣装。女着男装之风的流行，是唐代妇女思想解放、崇尚男子阳刚之气与个性多元化心态在服饰上的表露。

隋唐时期，胡服对妇女服饰的影响较为明显。幂罹就是胡服中的一种。其具体形制是一种从头顶直垂到脚下的纱网，可以把全身都罩在里面，有些像一个大罩袍。幂罹起源于西北少数民族地区，既适应当地风沙大、天气寒冷、日照强烈的自然条件，又便于出行时防止男人的窥视。今天阿拉伯国家的妇女，依然保留着这种习俗。此外，唐代妇女流行的胡服还有回鹘装、帷帽等。

隋唐时期，最时髦的鞋是翘头履，有尖头、方头、圆头、云头等多种。靴也是人们最常穿的，男靴多以黑皮制成，女靴多用黑皮或红颜色的皮革制成。线鞋是唐初流行的一种尖头、薄底的鞋子。由于穿着线鞋活动轻巧便利，所以很受宫中侍女的喜爱。

隋唐妇女的发髻千姿百态，有半翻髻、螺髻、回鹘髻、高妆花髻、双环望仙髻等。唐代

盛唐画家张萱《捣练图》中披窄幅帛巾、穿大襟袍、戴头饰、梳各种发髻、额贴花钿的盛唐妇女。

梳发髻、穿小
头履的唐代妇女

著名画家阎立本的《步辇图》中，抬着唐太宗步辇的宫女们的发髻，就是半翻髻。唐后期，妇女头上戴的饰物也越来越多，有金银、珍珠、宝石、玳瑁、珊瑚、象牙、玉等不同材料制成的簪、钗、步摇、搔头乃至梳子、篦等。白居易的诗句"金钗十二行"形容当时女子头上的钗簪之多。对于头上插梳子的风气，诗人元稹的《恨妆成》一诗中有"满头行小梳，当面施圆靥"的句子。

唐代妇女尤其注重面部装饰，施铅粉，抹胭脂，涂鹅黄，画黛眉，点口脂，画面靥，贴花钿，现代妇女美容化妆的内容那时几乎全都有了。从唐代壁画可以看

敦煌莫高窟壁画中戴面
幂的唐代妇女

梳回鹘髻的回鹘族妇女

插梳的妇女

唐画家周昉《簪花仕女图》中插翠钿、上靥妆、涂唇脂、画黛眉、穿圆领大襟袍的唐代妇女。

出，妇女施粉不仅施于面部，连肩部也都涂成雪白色。涂鹅黄则是在女子的前额上涂上黄粉。关于花钿，唐代文人段公路记录了一个传说。据说武则天掌权时，命女官上官婉儿代她执掌文书，在召见群臣时，上官婉儿偷偷多看了几眼，被武则天发觉了。武则天大怒，用一把小刀扎在上官婉儿的额头上，还不许她拔出来。上官婉儿极其聪明，赶快作了一首《乞拔刀子诗》，引起武则天的怜悯，才让她取下刀子来。从这以后，上官婉儿为了遮掩额头上的刀痕，就在上面贴了花钿。宫女们看了，也跟着贴起来，逐渐形成了风气。唐代的花钿有桃形、梅花形、月形、圆形、三叶形、三角形等多种形状，有红、黄、绿等几种颜色。唐代妇女对眉毛的描画也有其独特之处。从唐中期开始，就时兴又短又宽的桂叶眉，元稹的诗句"莫画长眉画短眉"，说明细长的弯月眉毛那时已经不流行了。盛唐时期，又流行"八"字宫眉，当时诗人称作"双眉画作八字低"，以往画成向上翘起的眉梢又转向下垂。此外，唐代诗人张祜的"十指纤纤玉笋红，雁行斜过翠云中"诗句形容唐代妇女也染指甲。据说，古人养蜥蜴，喂朱砂使它变红，将其捣碎，用红汁来点染指甲。

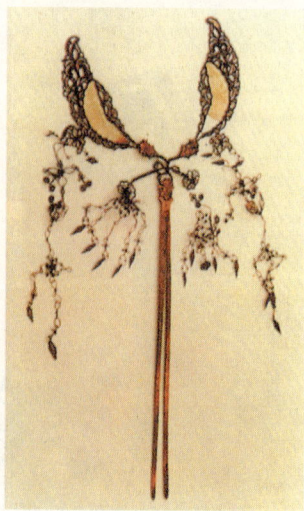

五代金镶玉簪

中晚唐妇女的"八"字眉

二、胡姬美酒诗成行

　　隋唐时期，宴会名目繁多，宴饮规模盛大，贵族富户更是肆意挥霍。据说隋炀帝杨广花天酒地，饮馔极丰。他常乘船沿运河出游，庞大的船队首尾相衔，逶迤200余里，挽船的壮丁多达8万人，两岸还有骑兵夹岸护送。杨广下令船队所过州县500里内居民都要给贵人献食。妃嫔、侍从们吃不完，开船时把食物埋入土坑就走。唐朝有个宰相叫李德裕，他吃一杯羹费钱3万之巨，羹中杂有宝贝珠玉、雄黄朱砂，只煎3次，这些珠宝便倒弃在污水沟中。隋唐时期，官员拜官可大摆筵席，庆贺高升，这种宴席叫"烧尾宴"。据说韦巨源拜尚书令后，曾献烧尾宴，在他家留存的食账中保留了烧尾宴的菜单，仅奇异的食物就达58种之多，可知当时烧尾宴是非常奢华的。唐代皇帝还为新科进士们举行樱桃宴，地点一般在长安

五代南唐顾闳中的《韩熙载夜宴图》，反映了当时宴饮的风俗。

隋唐壁画《宴享伎乐图》，反映了当时中小贵族阶层生活奢华的场面。

东南美丽的曲江池畔，所以又叫曲江宴。曲江宴规模盛大，皇亲国戚、大小官员、妻妾侍女以及平民百姓共饮一席，很是热闹。唐代进士刘沧曾描述了曲江宴的情形：

及第新春选胜游，杏园初宴曲江头。

紫毫粉壁题仙籍，柳色箫声拂御楼。

霁景露光明远岸，晚空山翠坠芳洲。

归时不省花间醉，绮陌香车似水流。

唐代还流行一种"过厅羊"的吃法。每在大宴宾客时，酒饮到一半，在阶前当场杀死一只羊，让客人自己执刀割其最爱吃的一块肉，各用彩帛系为记号，再放到甑中去蒸。蒸熟后各人认取，用竹刀切食。在太平盛世，达官贵人们饮食花样翻新，层出不穷。

但是，在所谓的唐代盛世，饮食两极分化明显。杜甫的两首诗描写了当时饮食的两极世态。一首《丽人行》，描写了杨贵妃的姐姐虢国夫人和秦国夫人等在长安昆明湖边春游和在宫中宴饮的情形："三月三日天气新，长安水边多丽人。……紫驼之峰出翠釜，水晶之盘行素鳞。犀箸厌饫久未下，鸾刀缕切空纷纶。黄门飞鞚不动尘，御厨丝络送八珍。"意思是翠色的玉釜盛着油光闪紫的驼峰，晶莹的水晶盘端来凝脂般的清蒸鱼；吃腻了的贵妇们举着犀筷在打嗝，细切精缕的厨师白淌

《曲江会宴》

敦煌壁画中隋唐的肉坊，图中的肉坊主人正操刀割肉。

了一天的汗水。太监的轻骑把名贵的土特产悄悄送进宫门，御厨还接连向饭桌送来海味山珍。而杜甫的另一首《客至》则咏述了他在成都草堂迎客的情景，其中有两句诗"盘飧市远无兼味，樽酒家贫只旧醅"，写出了他待客的仅是一味菜和一碗醪糟。可见，"朱门酒肉臭，路有冻死骨"，贵族和贫民的饮食形成鲜明的对比。

唐代中外文化交流频繁，在长安、洛阳等大都市居住着成千上万的外国人，西域的饮食、服饰、音乐等盛行一时。在都市饮食店中，有不少外商开的酒店，唐人称之为"酒家胡"，酒家胡中的侍者，多为外商从国外携来，女子称为胡姬。这样的异国女子，打扮得花枝招展，备受文人雅士们的青睐。诗人杨巨源有一首《胡姬词》专门描述了酒店中的胡姬：

　　妍艳照江头，春风好客留。

　　当垆知妾惯，送酒为郎羞。

　　香度传蕉扇，妆成上竹楼。

　　数钱怜皓腕，非是不能愁。

胡家经营的胡酒、胡食，备受唐人推崇和喜爱，成为唐饮食文化中的一道亮丽风景线。

唐代饮酒成俗，并且文人嗜酒成风。大诗人李白、贺知章、李琎、李适之、崔宗之、苏晋、张旭、焦遂结为著名的"酒八仙"。杜甫的《饮中八仙歌》对"酒八仙"分别作了论述，其中对李白的描述最为有名：

　　李白一斗诗百篇，长安市上酒家眠。

　　天子呼来不上船，自称臣是酒中仙。

李白爱酒，他的酒诗相当多，《月下独酌》就是佳作之一：

　　花间一壶酒，独酌无相亲。

陕西长安
唐代墓壁画
《野餐图》

《饮中八仙图》

举杯邀明月，对影成三人。
……
三杯通大道，一斗合自然。
但得醉中趣，勿为醒者传。
……
穷愁千万端，美酒三百杯。

愁多酒虽少，酒倾愁不来。
李白的《将进酒》更是一首荡气回肠的千古绝唱：
君不见黄河之水天上来，奔流到海不复回。
君不见高堂明镜悲白发，朝如青丝暮成雪。
人生得意须尽欢，莫使金樽空对月。
天生我材必有用，千金散尽还复来。
烹羊宰牛且为乐，会须一饮三百杯。
　　李白把所有的愁闷痛苦都消释在酒中，传说，他最终因大醉之后到江中捞月而溺死。杜甫也是一个不亚于八仙的酒客，他留传至今的酒诗多达300首，比李白多一倍。此外，白居易、王维等也是美酒一杯，诗从中来。唐代，一大批诗人借酒寄情，风流潇洒，造就了中国历史上极有文学价值的"酒文学"。
　　唐人饮酒花样百出，在酒宴上还做一些机关以添酒助兴。传说唐太宗在招待回纥使臣时，在大殿前设高坫，坫上放一大银瓶，在地上埋上一根管子，从酒库中把酒注引到银瓶中。银瓶底下有若干开关，将酒注入杯中。回纥数千人饮足之后，剩酒还有一半之多。杨贵妃的姐姐虢国夫人是一个穷奢极欲的女性，她在房梁上悬鹿肠于半空，开宴时派专人从屋上注酒于鹿肠，客人再由肠中接酒于杯中。这个机关还有一个雅名叫"洞天圣酒将军"。

唐代螺钿
饮酒奏乐铜镜

唐代以前，中国古代饮食一直采取分餐制的饮食方式，即在聚餐时，在每位就餐者面前放置一张低矮的食案，一人一份馔品，分餐而食。这种饮食方式，与当时人们席地而坐的习俗相适应。到唐代，随着高足坐具的传入和流行，引发了餐制的革命性变革。人们的餐饮习俗由席地而坐的分餐制转为高凳大桌的合食制。敦煌壁画中的《宴饮乐舞图》、《宴饮图》，清楚地反映了当时合食制的情形。合食制的形成，为中国大菜的出现和烹饪的发展创造了前所未有的便利条件。直到今天，中国人依然沿用着合食制。

三、二都争辉，野宅含趣

隋唐有东、西二都，西都为长安，东都为洛阳。隋唐两朝在长安、洛阳建设的宫殿，无论规模还是质量都达到了一个新的高峰。

隋唐的长安面积83万平方公里，由外郭、皇城和宫城三部分组成。整个城市规模宏大，规划整齐，气势恢弘。隋唐长安有太极宫、大明宫、兴庆宫三大宫殿。太极宫位于长安城北的中轴线上，太极宫北正门就是玄武门，著名的唐太宗李世民射杀其兄建成和其弟元吉，争得帝位的玄武门之变就发生在这里。太极宫是皇帝议事和接见朝臣之所，唐初唐太宗与重臣房玄龄、杜如晦、李靖等常在太极宫议政，从而出现了"贞观之治"。今天，太极宫内的凌烟阁上就放着这些唐初功臣的画像。大明宫位于长安城东北方，初建于贞观八年，建成后成为唐朝的政治中枢。大明宫内有许多殿，最著名的当属含元殿。含元殿是唐高宗以后唐历

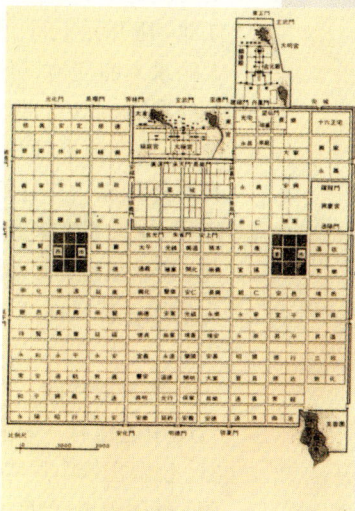
唐长安城图。长安城布局整齐，交通发达，唐代诗人白居易曾用"百千家似围棋局"、"十二街如种菜畦"的诗句，描写这种严整规矩的城市布局。

大明宫殿鎏金铺首。反映了大明宫建筑的富丽堂皇。

代皇帝举行"外朝"的正殿，大诗人王维的"九天阊阖开宫殿，万国衣冠拜冕旒"诗句，描写的就是唐朝天子在含元殿举行大朝时的盛况。兴庆宫位于长安城东边，为皇帝起居之所。其规模虽小于太极宫和大明宫，但建筑之精美、装饰之奢华却在两宫之上。唐末，唐玄宗与宠妃杨玉环整日沉溺于兴庆宫内的歌舞宴乐之中，造成朝政荒废、奸权当道，导致了"安史之乱"。安史之乱后，皇帝很少驾临兴庆宫，兴庆宫再也不复往日的兴盛了。

唐代长安城外东南边缘，还有一处君臣共乐、官民两用的苑囿——曲江池。唐开元年间，开凿黄渠，引南山大峪水入曲江池，使这里成为长安最大的湖泊。此后，曲江池四时之景美不胜收。曲江池平日归皇家独享，固定时日对外开放，并且每年在这里举行曲江宴，文人墨客来此饮酒赋诗，热闹非凡。唐末战乱，黄渠淤塞，湖池逐渐化为平地，昔日曲江池的美景随之而消失。

隋文帝时期，在长安城西北的天台山中还建有一座避暑离宫——仁寿宫。仁寿宫依山逐势，青山诸峰历历如画，外围山垣辽阔，十分壮丽清幽，是避暑度假的好去处。隋文帝常到此休息居住，并最终卧病在这里。据说他的

唐代长安城的大明宫复原图

大明宫含元殿复原图。含元殿是大明宫的正殿，利用龙首山作殿基，现残存遗址还高出地面10余米。

儿子杨广来探望他，为其"紧一紧发冠的带子"，皇帝便"驾崩"归西了。杨广如愿以偿地继承了皇位和他父亲的妃嫔们。隋亡宫毁，唐太宗时期又加以修复，改称"九成宫"。贞观六年，唐太宗在九成宫避暑休养，一天，他在西城墙边见土湿润，用拐杖拨土，有泉随即涌出，泉水清冽甘甜，可以治病健身，遂命名为"醴泉"，并在泉边立铭以志纪念。醴泉铭由当时的政治家魏徵撰文、大书法家欧阳询书写，以"双绝"闻名于世。直至今天，醴泉铭仍矗立在原处，以供人瞻仰。在九成宫天台山的西边，有一个湖泊。九成宫的不足

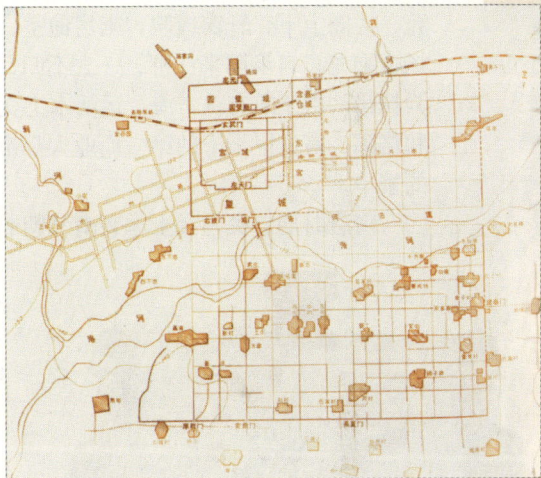

隋唐洛阳城图

之处，是没能有效地控制湖水，曾经几次暴雨山洪，湖水急剧上涨，将临湖的殿堂水榭淹没。据史书记载，一天夜里，唐高宗睡在湖边水殿里，突然水涨，幸好被在西城门巡夜的禁军首领薛仁贵发现，及时救了驾。

隋朝建立后，隋文帝为进一步控制关东和江南，在其即位的第二年，即下诏命宇文恺主持营建东都洛阳，作为都城长安的陪都。洛阳城中建有许多宫殿和园林。唐灭隋后，定都长安，但仍以洛阳为东都，并继续修建，洛阳城更加壮丽。唐高宗晚年常在此听政，武则天晚年不仅常居于此，而且就病死在这里。营建东都，工程浩大，但偌大的工程居然在一年内完工，这在中国建筑史上是罕见的。史载，当时官员督役严紧，每月役丁200万人，死者竟达十之三五，可见这些高城深宫完全是建立在数百万役丁的累累白骨之上的。

此外，隋炀帝为打通长安的漕运，营建江都作为行都。江都处处都是离宫别

苑，楼阁上下，轩窗掩映，幽房曲室，千门万户，金碧交辉。大运河开通后，隋炀帝乘龙舟自洛阳来江都，一去不归，并终死在这里。唐朝以后，江都正式改称为扬州。由于兼有江、海、运河水上交通之便利，扬州很快发展成为仅次于长安和洛阳，富庶甲天下的第一商业大都市。"十里长街市井连"，就反映了当年扬州的繁华。

隋唐时期，贵官文士承袭南北朝的遗风余烈，流行建造私家园林。私家园林包括在宅旁造山挖池和在郊外建别墅（时称"别业"）。随着隋唐山水画与山水田园诗的兴起，文人士子们往往将其思想情调寄托于诗情画意之中。由此，以诗情、画意造园，渐成这一时期的风尚。他们将别墅建在风景优美的山间湖滨，力求古朴自然，无论草庐还是宅第，讲求的是舒适实用和闲情野趣，并力求与周围环境相和谐。唐代长安城及附近地区的私家园林甚多，其中比较著名的贵族园林有太平公主园、薛王别墅、太平坊王珙宅、亲仁坊安禄山宅、长兴坊马璘宅、杜佑的城南别墅等。太平公主园茂林修竹、花园亭台一应俱全，盛极一时，惹得皇帝也不禁动了心，亲往游玩。薛王别墅林冶幽邃，唐玄宗特赐给宠臣李林甫。长安附近的蓝田一带风光旖旎，著名的山水田园诗人、画家王维的辋川别墅就坐落在这里。诗人白居易在其任杭州

唐代典型民居——三彩宅院模型。1959年，陕西西安中堡村唐墓中出土的随葬品，是研究唐代建筑结构的重要实物资料。

唐《草堂十志》中的山间别墅

敦煌莫高窟唐壁画中的房屋

刺史时，极力开发了西湖风景区。晚年他又精心营造自己在洛阳的宅园，其宅园占地17亩，其中住宅占1/3，水面占1/5，竹林占1/9。园中以岛、树、桥、路相间。池中有3岛，岛上有小亭，池中种白莲、菱及菖蒲。池岸曲折，环池的小路穿竹林而过，四周建有小楼、亭台、游廊，供读书、饮酒、赏月和听泉之用。园中堆筑有太湖石、天竺石、青石等。小小宅园，经营了10年，可见他用心之精。这类私家园林在洛阳一带就有千家之多。

从隋唐到五代，与原先席地而坐不同的是，垂足而坐的习惯开始在上层社会流行，并渐有普及之势。当时已有长桌、方桌、长凳、腰圆凳、扶手椅、靠背椅、圆椅等可供人垂足而坐的家具。在大型的宴会场合，甚至出现了多人列坐的长桌与长凳。到宋代，家具已普遍增高，垂足而坐终于完全取代了自商周以来的跪坐传统，从而为明清以后的家具造型打下了基础。

隋唐时期，建造房屋仍沿用过去的一些旧俗，如相地、卜址、奠基、正位、置础、安门、布内、落成、迁宅等，并在此基础上有了发展。隋唐建造家宅讲究避"五虚"，求"五实"。"五虚"指的是："宅大人少，一虚；宅门大内小，二虚；墙院不完，三虚；井灶不处，四虚；宅地多屋少庭院广，五虚。""五实"则为："宅小人多，一实；宅大门小，二实；墙院完全，三实；宅小六畜多，四实；宅中水渎东南流，五实。"当时人们普遍认为，房屋占五虚则家贫耗财，房屋占五实则兴旺富贵。按隋唐风俗，盖房动工时要举行奠基仪式，宣读《建宅文》，祝愿工匠建

南唐周文矩绘
《重屏会棋图》，可
见居室家具。

宅成功。房屋落成要举行上梁仪式，唱《上梁歌》。最后，还要请人念《镇宅文》，以镇妖除怪，确保宅第安宁。如果认为宅屋有疾病、逃亡、耗财等不祥之处，则用石头镇宅。

值得一提的是，隋唐时期佛教、道教盛极一时，宗教建筑也极尽豪华，遍布各地。这时期的佛寺，继承了魏晋南北朝以来的传统，平面布局以殿堂门廊组成以庭院为单元的群组。但是建筑上的雕塑、绘画开始流行，画家吴道子、雕塑家杨惠的作品常见于各地佛寺。唐朝的佛教殿堂留存至今的只有山西五台山的南禅寺正殿和佛光寺正殿。隋唐的佛塔留存下来的有西安兴教寺玄奘塔、西安大雁塔、云南大理崇圣寺三塔等。

南唐周文矩绘《宫中图》，可见椅子、凳子等家具。

五台山南禅寺大殿

云南大理崇圣寺三塔

四、天堑变通途，海上通丝路

隋唐是我国古代道路发展的极盛时期，陆路交通几乎无所不到。当时，京城长安是国内、国际陆路交通的枢纽，是世界性的大都市。唐朝长安城的外郭东西宽9721米，南北长8651米，是今天西安城的10倍。城内有南北向11条大街，东西向14条大街，把城区划分为108坊。皇城中间的南北大街为承天门大街，宽441米；而南北向的朱雀大街是长安城的中轴线，宽147米。各条大街车水马龙，熙熙攘攘，非常热闹。街道两旁多植树，加上错落其间的清池和园林，整个城市整齐而美观。以长安城为中心，向东、向南、向西、向北，构成了四通八达的陆路交通网。唐朝道路名目繁多，有驰道、御道、帝道、官道、天街、禁街、国路、县道、饷道、贡道、运路、大路、次路、便道等等，总里程约1.48万公里。这些道路将长安、洛阳、扬州、泉州、广州等城市连接起来，发展为国内外交通枢纽。唐代的陆路交通已经基本确定了中国大陆的交通格局，宋代以后再没有大的变化。

隋朝牛车风行，即使重臣出行也乘牛车。唐时，朝臣出行已不流行坐牛车，但百官赴任，朝廷则提供牛车载其家眷和行李。唐朝妇女喜坐牛车，如杨贵妃的妹妹"竞车服，为一犊车，饰以金翠，间以珠玉"。普通百姓则多用牛车运载货物，白居易《卖

甘肃敦煌唐壁画《牛车图》

93

陕西乾县出土的唐
墓画《马球图》，反映了
马用于生活游乐。

炭翁》中的卖炭老人，即以牛车运载木炭。除牛车外，当时
还用马车、驴车、骆驼车等。当时，马在战争、邮驿、狩猎、
游乐中的作用进一步加强。骑马入朝成为官员的定制，打马
球也是一项贵族的时尚活动。唐一度风行妇女骑马，赵佶的《虢国夫人游春图》表
现了杨贵妃的三个姐姐在侍从的陪同下骑马外出郊游赏春的情景。

隋唐最具特色的陆路交通工具是辇舆。辇舆是一种使用人力抬的交通工具，
起自魏晋南北朝时期，有肩舆、腰舆、步辇、软舆等多种形式，一般由地位较高
的人乘坐。晋朝顾恺之的《女史箴图》，就生动地描绘了西汉成帝与班婕妤同乘一
驾肩舆的情景。据传，唐"甘露之变"时，在危急时刻，唐文宗就是乘坐软舆自
紫宸门逃出而到达含元殿的。唐代画家阎立本的《步辇图》，也描绘了唐太宗乘步
辇接见吐蕃赞普派来向文成公主求婚的使者的情形。隋唐时期，高级官员乘辇舆
的例子很多。如房玄龄暮年多病，唐太宗特许其乘肩舆出入宫廷大殿；李纲因腿
有毛病，被赐步舆供其出入；崔佑甫有病，乘肩舆至中书院卧而接旨；李叔明脚

唐代阎立本绘《步辇图》，描绘了唐太宗李世民乘坐步辇接见吐蕃使者的场面。图中穿圆领小袖花
蕃客锦袍为吐蕃使者，执笏礼官身穿幞头、圆领衣，佩帛鱼，唐太宗则身着幞头、圆领便服，坐腰舆，
侍女穿间裙，束腰。

唐驿道图

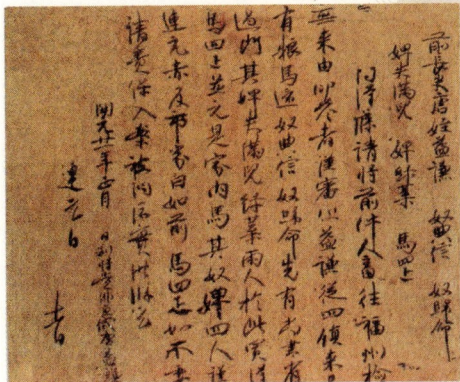
唐代人畜前往福州的过所，是一种通行证。

有病，被赐锦辇，令手下人肩抬至京师入朝。后来，妇女盛行乘坐辇舆，但朝廷对妇女乘辇舆规定了严格的等级界限。隋唐时期，辇舆的流行对中国古代轿子的发展具有重要的影响。

隋唐的邮驿建设取得了空前的成就。据记载，唐代共有陆路驿所1300多处，水路驿所260多处，水陆相兼的驿所90余处。唐时的驿所拥有马匹也很多，少则8匹，多则80匹。许多驿所建筑华丽，最有名的当数陕西境内的褒城驿。这座驿所的厅堂庭廊极其宏丽，厅外有池沼，可以泛舟和垂钓，还可凭栏赏月，景色迷人。唐代文人

敦煌壁画中北周时期商旅图。上层表现出干旱的丝绸之路上到达驿站水井时的活跃场景，下层表现的是商人押着驼队过桥的场面。画面生动地反映了当时商旅古道上东西交往的风貌。

孙樵称其"号称天下第一"。诗人杜甫曾咏赞过四川的一个驿馆："驿楼衰柳侧，县郭轻烟畔。一川何绮丽，尽目穷壮观。"当时驿所的居留有严格的等级制度，驿所的条件体现着留居人的身份和地位。唐太宗游九成宫回京时，有宫人在韦川县官舍休息，恰好朝廷重臣李靖也来到这里，县官将宫人移至其他地方，而安排李靖等人住宿。唐太宗听说后大怒，严厉责问："何以能由李靖等人作威作福，而轻视我宫人！"另有记载，唐监察御史元稹由河南回京，停留于敷水驿，宦官刘士元后到，与元稹争宿驿厅。元稹不让，刘士元砸其门窗。元稹穿着袜子躲到厅后，刘士元追逐殴打，用马鞭击伤元稹的面部。在这一争执中，朝廷明显偏袒宦官，事后元稹竟然受到贬职的处分。当时邮驿的效率也相当高。据说唐太宗征高丽时，太

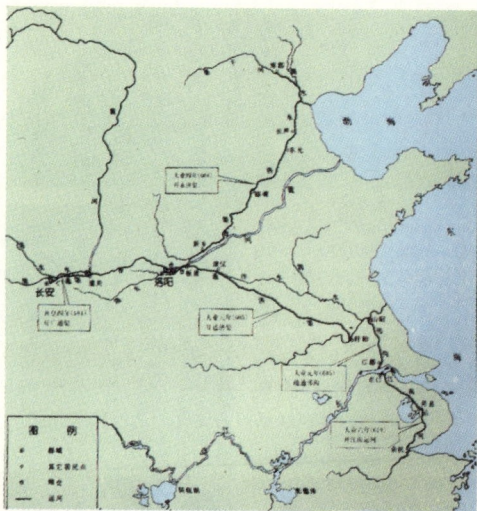

海上丝绸之路图

隋朝运河图

子李治留居定州,他通过驿递飞奏汇报情况。后来的"飞奏"即起源于此,意为最快地将下情上奏。邮驿之快还体现在为杨贵妃运荔枝的故事上。据说唐玄宗集三千宠爱于杨贵妃一身,而杨贵妃爱吃新鲜荔枝,于是千里驿骑将南方的新鲜荔枝运送到长安而味不变。杜牧的《过华清宫》诗就讽刺了这一事件:

长安回望绣成堆,山顶千门次第开。

一骑红尘妃子笑,无人知是荔枝来。

隋唐的内河航运获得了很大的发展。在曹魏旧渠的基础上,隋朝开通了永济渠和通济渠,这就是著名的大运河。大运河连接海河、黄河、淮河以及沿途水系,大大便利了南北交通,构成了规模宏大的水上交通网络。当年,航行在运河里的船队南来北往,舻舳千里,呈现出一派繁忙景象。唐灭隋后,大运河发挥了更大的作用。唐玄宗年间,大运河每年运送的粮食达到700万石。在大运河的带动下,内河航运的发展促进了沿河城市的繁荣,扬州、益州、鄂州、苏州、杭州等城市的兴盛都与水利交通的便利有直接的联系。

在汉代开辟海上丝绸之路的基础上,隋唐时期的航海业得到了极大的发展。为开辟海上交通,汉武帝巡海7次,直到他临死前两年已达68岁高龄时,还在巡海。就在汉朝国力强盛之时,罗马人在西方建立了强大的罗马帝国(汉时称大秦)。东西方两大帝国之间有中亚地区的大月氏和安息两国阻隔,中国的丝绸虽然能通过陆上丝绸之路远销到罗马,但两大帝国之间却无法直销,其间由安息商人转销。为从海上与罗马人进行贸易交往,汉武帝派使臣、贸易官员和应募商民,从广东

敦煌壁画中带有测风仪的帆船

出发经苏门答腊或马来半岛、缅甸，最后到达印度或斯里兰卡。印度和斯里兰卡是欧亚贸易的中转站。中国随船携带的黄金、丝绸、陶瓷等由此转运到罗马等地，并换回西方的奇珍异宝。至于印度以西的航路则由西方航海者开拓，东汉继续开拓南海航线。班超派甘英出使大秦，甘英抵达波斯湾而返。与此同时，大秦等西方航海者也在积极寻找通往"东方丝国"的航路。东汉桓帝时，大秦派遣航海使者来到中国，开辟了中国和大秦之间的海上通路。这次交往是中国同欧洲国家直接友好往来的最早记录，突破了以往通过印度或斯里兰卡的中转，第一次疏通了东西方海上运输的大动脉。这种友好往来，把当时世界上两大帝国——东方的汉帝国和西方的罗马帝国连接起来，构成了一条贯通欧、非、亚三大洲的海上航线。这是继著名的陆上丝绸之路之后，又开辟的一条海上丝绸之路。三国时期，东吴组织了几次大规模的航海，人数都在1万人以上，最多时达3万多人。船队先后到达我国的辽东、海南、台湾以及朝鲜和东南亚诸国。值得一提的是，吴国还派将军卫温率船队到达夷州，夷州即今台湾岛。这是我国第一次关于台湾海峡两岸交往的历史记录。

隋唐与各国的海上交往大大加强。隋唐的造船业很发达。隋炀帝乘船3次南下巡游，千艘巨轮首尾相连达200多里长，岸上拉纤的壮丁达8万多人，并有大队骑兵夹岸护卫。南巡队伍浩浩荡荡，最多时人数达一二十万。隋代杨素造的"五牙"战船，船上起楼五层，高百余尺，可载战士800人。唐代水运便利，船只众多。李峤的诗"征棹三江暮，连樯万里回。相乌风际转，画鷁浪前开"，生动地展现了一幕舟舻千艘、千帆竞发、横断河海的壮观场面。唐代造船技术居世界领先

隋代"五牙"
战船复原模型

地位，已能造出当时世界上最大的海船。李皋是轮船的发明者，他成功地制造出用两只轮形桨作划水动力的船只，从而使造船业发生了重大变革。隋唐造船时已广泛采用钉榫接合技术，并建有多道水密隔舱，既能抗风浪，又可以抗水沉，保障远洋航行的安全。当时的阿拉伯商人来华都愿乘中国船，如中国船未到，他们也愿耐心等待。隋唐造船业的发达，为航海事业的发展创造了有利条件。

唐中期以后，由于陆上丝绸之路的衰落，海上丝绸之路开始兴盛。唐代海上航线四通八达，与日本、朝鲜、越南、印度尼西亚、伊朗、阿拉伯等国建立了密切的联系。唐代海运的发展促进了沿海港口城市的兴起，广州、泉州、明州、扬州成为著名的贸易港。由于唐朝的开放和海陆交通的发达，大批日本人、新罗人、阿拉伯人、犹太人、印度人等来到中国。各种肤色的人定居中国，唐都长安成为国际性的大都市。日本先后派19次遣唐使来华，学习中国的文化和典章制度，其中著名的有阿倍仲麻吕（中文名晁衡）、吉备真备、高僧空海等。晁衡16岁来中国留学，前后在中国居住50多年，与大诗人

遣唐使船

李白、王维有着深厚的情谊。753年，他中途回国时特作《衔命将辞国》一诗，充分表达了他怀念祖国和亲人，又留恋中国的矛盾心情：

天中恋明主，海外忆慈亲。

西望怀恩日，东归感义辰。

唐阿拉伯人俑

唐墓中出土的非洲黑人俑，
表明唐代与非洲已有交往。

鉴真第六次东渡图。图为日本《东征绘传》中描写
鉴真和尚准备登船的情景。

此次回国误传他因船失事而遇难，李白含泪写下了《哭晁卿衡》：

日本晁卿辞帝都，征帆一片绕蓬壶。

明月不归沉碧海，白云愁色满苍梧。

实际上晁衡遇险未死，后又回到长安，并在中国逝世。唐朝海运的发达也使不少学者远到国外，其中最著名的是鉴真东渡。753年，已66岁高龄且双目失明的高僧鉴真从苏州出发，携带大量的佛书和佛具来到日本，受到日本人民的热烈欢迎。日本专门为鉴真修建了唐招提寺宣传佛教。鉴真在日本度过了整整10年，并最终在日本圆寂。唐朝频繁的中外往来促进了中外经济和文化的交流，各大港口城市商贾云集，出现了"市井十洲人"的繁荣景象。

第六章 以理制俗，等级分明

唐朝灭亡后，中国历史再次进入攻伐杀掠、四分五裂的时期。在中原和南方的大部分地区，经过五代十国的纷争和更替后，建立了宋王朝政权。宋代，经济重心南移，社会改革风行，宋朝仍是当时世界上经济、文化高度发达的大国。同时，由于这时期程朱理学开始形成，并对人们的生活产生影响，衣食住行呈现出市俗日盛、以理制俗的特点。

一、贵贱有级，服饰有"理"

宋太祖像。宋太祖头戴展翅幞头，身穿圆领黄袍，脚蹬皂靴。

宋代服饰在理学思想的影响下，做了几次大的改革，改变了唐代服饰那种兼容百家、自由奔放、多姿多彩的开放风格，朝着复古、质朴、烦琐的方向发展。

宋代既继承了唐代的服饰制度，又强化和突出了服饰作为重要政治等级的标识。宋代将官服分为冕服、朝服和常服三种。冕服的式样与唐代相同，只是把等级限制略为降低，如唐代的五旒冕只限于三品官员使用，而在宋代降低到五品。北宋朝服的式样同样沿袭唐代的官服，仅仅将时贤冠的梁数有所增加，最高有五梁冠，最低有二梁冠。宋神宗年间，决定废除隋唐以来依照官员品级确定冠绶的做法，而是根据所任官职决定服饰，从而将官职分为七级，冠绶也随之分为七等。但是宋代朝服有一个统一的特点，就是官员凡穿朝服时，必须在脖子上套一个上圆下方、好像

戴通天冠
的宋代皇帝

儿童脖子上戴的璎珞锁片似的饰物，叫方心曲领。直到明代，官服中还继承这种传统。由此，宋代朝服制度基本脱离了唐代的窠臼。

宋代公服与常服合二而一，既可称公服，也可称常服。其基本样式为，头戴幞头，身穿大袖长袍，腰系革带，佩戴鱼袋，脚蹬皮革靴。幞头，原来是裹头巾子，后不断改进，盛行于唐，到宋代几乎是一种人人可戴的帽子了，只不过不同身份的人样式略有差异。宋代的袍服与唐代一样，也是通过颜色来区分等级：三品以上穿紫色，三品至五品穿红色，六品至七品穿绿色，八品、九品穿青色。凡能够穿紫色和红色的官员，都有资格佩戴鱼袋。隋唐官服规定：上朝时将写有官员本人姓名的鱼符装入鱼袋内，出入宫门须出示验证，其作用相当于现在的出入证。到宋代，鱼袋已省去鱼符，分为金、银两种不同颜色，前者为贵，后者次之。朝官被皇帝赐用金或银鱼袋，是一件非常荣耀的事。据说宋代著名词人苏东坡为官时因有重大政绩，曾获得过皇帝赐的银鱼袋。这时，挂在腰间的鱼袋已成为区分贵贱等级的一种标志了。革带也是宋代官服上的

系大佩的宋代官吏

101

宋朝赵佶画《听琴图》中戴软脚幞头、穿圆领袍衫的文官。

宋朝聂崇义《三礼图》中所描绘的身穿玄冕、皮弁和韦弁（从右到左）的男子，反映了几种常见的男子礼服。

一种饰物，其等级标志是用不同的带銙来区分。如三品以上官员系玉带，四品以上系金带，五品、六品系银带，七品以上系银銙带，八品、九品系黑银銙带等。

宋代的民服，因受理学思想的束缚较小，显得较为质朴自然，但缺乏变化和活力。除幞头、衫袄、半臂等外，宋代居民

宋代佚名绘《春游晚归图》中戴软脚幞头、穿圆领袍衫的文官。

着圆领衫、戴东坡巾的男子。

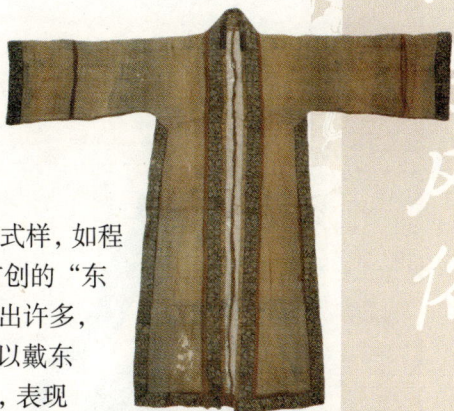

南宋黄昇墓出土的背子

以戴头巾和穿背子为时尚。人们创造出多种巾帕包头的式样，如程子巾、华阳巾、山谷巾、高士巾等，最著名的是苏轼首创的"东坡巾"。东坡巾为方形，棱角突出，内外四墙，内墙又高出许多，因大文豪苏东坡常戴此巾而得名。当时，一些文人雅士以戴东坡巾为时尚，这与魏晋的名士世风略有相似。它的流行，表现了一部分怀才不遇或官场失意的儒生文士的脱俗和高傲之气，反映了他们的心理和寄托。除东坡巾外，以名人命名的还有"山谷巾"。相传这种巾子由北宋诗人黄庭坚首戴，黄庭坚号"山谷道人"，故而得名。背子，也是宋代人们最普遍的服饰之一，不论男女老幼、职位高低皆可穿用。背子有斜领加带式、对襟开胯式、斜领短身式等几种。由于背子穿着方便，人们多爱穿这种衣服。但按宋朝规定，官员不能在正式场合穿背子。

宋代妇女服饰与唐代相比，由丰趋俭，由华丽趋于朴素，全都归于礼道。宋代妇女仍旧以衫襦为主要上衣，但衫襦的质料和颜色都大大增加。此外，妇女还开始穿一种介于衫襦之间的上衣——袄。袄以夹衣居多，有的在中间夹棉絮，这就成为后来的棉袄。宋代妇女的下裳仍以裙子为主，但比唐代的裙子窄小，穿法也略有不同：唐代一般将衫襦下摆放入裙子内，宋代则将下摆自然垂落于裙外。宋代妇女除继续流行石榴裙、百褶裙外，还有两种形制较独特的裙子。一种是便于妇女骑马的"旋裙"，在裙的前后取中处，各开

着圆领衫、戴高士巾的男子。

103

戴凤冠的宋代皇后

一衩，目的在于活动方便。起初，穿这种裙子的女子多是汴梁的妓女，后来被上层妇女纷纷效仿。另一种是"上马裙"，其形制为前后各一片，两片相掩，活动幅度较大，也便于骑马，因此得名。

抹胸是宋代女子的内衣，其式样与现代女子的胸罩有点相似，所不同的是前面的罩围较为宽长，"上可护乳，下可覆肚"。福州宋代黄昇墓中，便出土过一件很完整的抹胸。这时期，妇女还普遍穿裤子、背子。

宋代妇女穿靴的情形已不多见，女子主要穿翘头鞋、平头鞋和凤头鞋，其中翘头鞋最为流行。这种鞋与唐代的翘头鞋有所不同，主要是受缠足之风的影响，鞋头较尖。缠足陋习始于何时，说法不一。最早的传说是大禹治水时，曾娶涂山氏女为妻，生子启，而涂山氏女是狐狸精，其足小。又说殷末纣王的妃子妲己也是狐狸精变的，但是她的脚没有变好，就用布帛裹了起来。由于妲己受宠，宫中女子便纷纷学她，把脚裹起来。还相传隋炀帝东游江都时，征选百名美女为其拉纤，一个名叫吴月娘的女子被选中。

宋朝聂崇义《三礼图》中所描绘的身穿袆衣、褕衣和鞠衣（从左到右）的女子，反映了几种常见的女子礼服。

披窄幅帛巾的北宋妇女

她痛恨隋炀帝暴虐,便让做铁匠的父亲打制了一把长三寸、宽一寸的莲瓣小刀,并用长布把刀裹在脚底下,同时也尽量把脚裹小。然后又在鞋底上刻了一朵莲花,走路时一步印出一朵漂亮的莲花。隋炀帝见后龙心大悦,召她近身,想玩赏她的小脚。吴月娘慢慢地解开裹脚布,突然抽出莲瓣刀向隋炀帝刺去。隋炀帝连忙闪过,但手臂已被刺伤。吴月娘见行刺不成,便投河自尽了。事后,隋炀帝下旨:日后选美,无论女子如何美丽,"裹足女子一律不选"。但民间女子为纪念吴月娘,便纷纷裹起脚来。但是根据确切的史料记载,缠足

穿长袖襦的宋代妇女

扎巾的宋代妇女

南宋妇女的翘头弓鞋

陋习始于五代。南唐李后主的嫔妃窅娘，美丽多才，能歌善舞，李后主专门制作了高六尺的金莲，用珠宝绸带璎珞装饰，命窅娘以帛缠足，使脚纤小屈上作新月状，再穿上素袜，在莲花台上翩翩起舞，从而使舞姿更加优美。因缠足得自金莲台，故美其名曰"三寸金莲"。五代时，缠足之风大约还只是在宫廷中流行，到北宋，贵族妇女已普遍缠足，至南宋末年，"小脚"已成为妇女的通称。宋代诗人苏轼为此专门作《菩萨蛮》一词："涂香莫惜莲承步，长愁罗袜临波去。只见舞回风，都无行处踪。偷穿宫样稳，并立双趺困。纤妙说应难，须从掌上看。"这也可称之为中国诗词史上专咏缠足的第一首词。可见，宋代已以脚小为美了。

传说缠足始于南唐李后主的宠妃窅娘。

宋杂剧图中缠足、穿膝裤的宋代妇女。

梳流苏髻
的北宋妇女

宋代妇女以梳高髻、盘髻为美。诗人陆游在《入蜀记》中记载了当时四川的少女发髻高两尺，可以在发髻上插六支银钗和巴掌大的梳子。妇女头饰更趋丰富，除金、银、铜、珍珠、美玉、翡翠等制成的各种钗、簪、步摇、耳环外，还有独具特色的花冠。初时，花冠多用各类鲜花，由于鲜花保鲜性差，后来便用各式绢、丝质的假花来代替鲜花，深受广大妇女的喜爱。当时常用的花有桃花、梅花、荷花、菊花等，戴在女子的头上，恰是艳丽多姿。

盖头也是宋代妇女常用的头上饰物。其主要用来遮挡脸部，北宋司马光主张"女子出门，必拥蔽其面"，强调妇女应守"妇道"。到南宋时，随着理学之风日盛，朝中官吏明令妇女上街必须用盖头遮面。此风以后，又发展为出嫁女子必须以盖头遮面，而且一直延续到近代。

二、市肆餐饮的兴隆

宋代，饮食业打破了坊市分隔的界限，出现了前所未有的繁荣景象，酒楼、茶坊、食店等饮食店肆遍布城乡各地，饮食业的经营特色也更加显著。

中国市肆饮食起源久远，几经变迁，到宋代，都市饮食业更是空前繁荣。北宋末年，虽然社会矛盾日渐尖锐，但统治阶级仍醉生梦死，纵情享乐，造成东京汴梁的畸形繁荣。东京汴梁周围达50里，人口超过100万人，是全国政治、经济、文化的中心，餐饮行业繁盛。孟元老在《东京梦华录·序》中说："集四海之珍奇，皆归市易；会寰区之异味，悉在庖厨。"在京城的街巷，酒楼、食店、饭馆、茶肆比比皆是，小食摊蜂攒蚁聚。据史载，当时汴京有"正店"72家，"脚店"不计其数。正店即大型酒店，这种酒店建筑雄伟壮观，装饰富丽堂皇，环境优美典雅，主

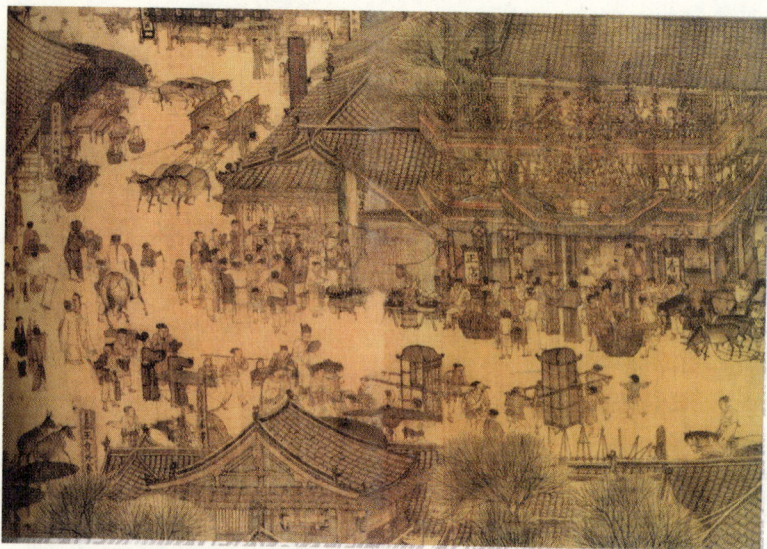

《清明上河图》（局部），可见当时汴梁城内的正店。

要为上层人士服务，基本上集中在城市里。脚店在规模上小于正店，多为特色经营，著名的有：王楼包子、曹婆婆肉饼、薛家羊饭、周家南食、梅家鹅鸭、曹家从食、张家乳、万

家馒头等等。这些小店每家制售的食品品种不多，但都有特色，各有绝活。再就是沿街串巷流动叫卖的零售熟食摊贩，他们顶盘、提篮出没于夜市庙会，直到偏僻场巷，比比皆是。这样，东京汴梁由正店、脚店和流动食商组成了一个繁荣的分等划级的饮食市场。

　　著名的北宋宫廷画家张择端的《清明上河图》，以汴河为构图中心，描绘出北宋京城汴梁都市生活的一角，为我们提供了研究宋代经济文化的形象资料。该图生动而真切地描绘了当时汴河自虹桥至水东门外的民生面貌和繁荣景象，使我们清楚地看到当时的饮食业是如此的发达、兴旺。图中有挂着"正店"招牌的三层大酒楼，有"脚店"，街岸两旁有大伞形遮篷的食摊，熙熙攘攘的人群围站食摊，从业人员忙碌着殷勤地接待顾客，桌面上杯盘狼藉，生动逼真。

　　宋代的酒楼食市为了招揽食客，店堂设置、器具陈设都十分讲究。各大酒楼门面都结成彩棚，或用彩画装饰，设红绿杈子、绯绿帘幕，悬挂金红沙栀子灯。有的则张挂名画，巧设盆景，招揽食客。只要顾客登门，便有人"提瓶献茗"，入座后先饮茶一杯，然后端上"看盘"，询问点什么酒菜。厨房里有"铛头"，记录在案，依次烧菜。须臾，"行菜者左手三碗，右臂自手肩驮叠约二十碗，散下尽合各人呼索，不容差错"。如顾客有急事，欲速饱，饮食店就先上盖浇饭之类，再上细

宋人绘《春宴图》，反映了当时人们宴饮的情形。

菜，近乎现在的"快餐"。

南宋时期，大量人才的南流，将北宋的科学、文化、技术带到南方，也推动了江南饮食业的发展。南宋王朝偏安一隅，奢靡腐化成风，竟又造就出京城临安（今杭州）的畸形繁荣。随着宋都南迁临安，汴京的各种餐馆都相应在此开设。到南宋末年，临安已发展成124万余人的国际大都市，其繁华程度10倍于汴京。临安的著名酒楼，《武林旧事》一书中就记述了29家，如和乐楼、和丰楼、中和楼、春风楼、太和楼、丰乐楼等。此外，洛阳巴楼、嘉州万景楼等也都是当地数一数二的大酒店。难怪有人作诗讽吟：

山外青山楼外楼，西湖歌舞几时休？

暖风熏得游人醉，直把杭州作汴州。

当时，大的酒楼出现"筵会假赁"的服务项目，顾客若要在家办筵席，则有"四司六局"承包，租赁器具，供应酒菜，从下请书到安排座次、桌前执事等等，都有人承揽备办，主人只要出钱，不用费丝毫力气。同时实行上门服务，临安饮食店还派专人"就门供卖"，以应顾客"仓促之需"。至于登门承办筵席更是临安饮食业的一项重要服务项目。

随着南宋的建立，政治中心的南移，北方的饮食习惯随之南流，从而形成我国历史上饮食习俗和烹饪技法的又一次南北交流。饮食的习尚及其繁盛的食市业，也促进了烹调技艺的发展，当时已经应用了烧、烤、煎、炸、蒸、炖、麻、腊等

河南宋墓出
土的厨娘砖

烹调方法。在此基础上，形成了不同
地方风味的菜系，中国传统的四大菜
系说、八大菜系说、十二大菜系说等，
已初步形成。在饮食之风遍及朝野上
下的情况下，庖厨已与民间嫁娶丧葬、酒食游饮、节日尚食紧紧相连，从而使烹
饪技艺在民间广为传播，为以后我国烹饪的进一步发展打下了基础。此时，还出
现了我国饮食史上的"看盘"，这时的饮食已经成为一种艺术享受。

三、文学书画入园林，坛庙祠堂相竞丽

随着商品经济的发展，宋朝兴起了一批商业都市，如北宋的都城汴梁与大名、
河南、应天分别称为东京、北京、西京和南京，以及南宋的都城临安（今杭州）、
平江（今苏州）等。北宋时期，都城汴梁商业繁荣，贸易日夜不息，形成了市外
设市、临街设市、街鼓虽设而无用、里坊虽存而实亡的局面。汴梁城内出现了一
条条商业大街，街旁有"露台"、"勾栏"、"瓦子"等交易和娱乐场所。北宋画家
张择端的《清明上河图》描绘了东京汴梁街市的繁荣和河桥的繁忙景象。南宋王

《清明上河图》（局部），展现了清明节汴河两岸街市的情景。

宋园林建筑之一

朝虽苟安于临安，但照样夜夜笙歌不息，一派繁华景象。临安街开设了许多商店、酒楼和茶肆等，并出现了经常性的夜市。而平江则临河设市，以舟代步，舟楫川流，形成条条水街。对此，唐代诗人白居易称之为"处处楼前飘吹管，家家门前泊舟航"。城内波光桥影，舟行水市，粉墙红楼，桨声咿呀，构成了我国江南水乡特有的秀丽风光，故而有"东方威尼斯"之美称。

到了宋代，造园更加普遍，从京都到地方，从贵族到平民，造园的范围和规模都扩大了。在京都汴梁，建造的帝苑就有9处之多，其中最著名的就是宋徽宗时所建的艮岳。为了建造这座帝王园林，在平江府专门设了应奉局，负责搜集南方名花异石，凡发现民间有一石一木可用者就破墙拆屋强行运往汴梁。当时运输花石的船成群结队，十船一组，称作一"纲"，所以将花石称为"花石纲"。园内奇石如林，遍布奇花异草、珍禽怪兽。著名的金明池是宋朝帝苑中观赏龙舟夺标水嬉的园池，也是宋朝皇家园林中唯一对外开放的游览胜地。每年三月，园门开

宋朝夜市图

放，万民游观，商贩和艺人在此摆摊叫卖、表演杂耍百戏。在此期间，皇帝常亲临池中临水殿观看水戏，水戏过后，小龙船、飞鱼船等簇拥着大龙船竞渡，胜者夺标受奖。宋人张择端的《金明池夺标图》真实、生动地描写了这一欢腾场面。当时汴梁城内外，贵族的私园不下200处。而南宋杭州、苏州附近也是私家园林密集之处，不少文人画家亲自建园，使文学和绘画进入园林之中。当时连一些酒楼为了招揽生意，也在店内设置园林，建造亭榭，有的挖池沼，设画舫，让宾客在船上饮酒作乐。

宋朝，作为礼制性建筑的坛庙建筑已成体系，并遍布各地。这里的坛庙不包括宗教的寺观，它大体可分为三种类型：一是祭祀自然界天地山川和帝王祖先的坛庙，二是纪念历史上有贡献的名臣名将、文人武士的祠庙，三是祭祀祖宗的家庙祠堂。在封建社会，世袭制的皇位代代相传，帝王特别重视祭祀自己的祖先，唐都长安和宋都汴梁都有祭祀皇帝祖先的庙，但现在留存下

宋人张择端所绘《金明池夺标图》。图中展现了在北宋都城汴梁顺天门外的金明池举行龙舟比赛、争标赐宴的场景。

来的只有明清时期北京的一处太庙了。在古代生产力水平低下的情况下，人们对天地日月产生崇拜，由此，每年帝王祭祀天地日月便成了国家的大礼。现在保存下来的有明清时期在北京的南、东、西、北郊分别建立的天坛、日坛、月坛和地坛。皇帝分别在每年的冬至、春分、夏至、秋分到天坛、日坛、月坛和地坛祭天神、太阳神、月神和土地神。除天、地、日、月外，古代对名山大川也祭祀。例

北京天坛大享殿，今名祈年殿，是皇帝祭天的地方。

如有名的五岳都有专门的庙供奉各方位的岳神，东岳泰山在泰安有岱庙，南岳庙在湖南的衡山，西岳庙在陕西华阴的华山，中岳庙在河南登封县的嵩山，北岳庙在山西的恒山。这五座庙规模都很大，表现了古代人们对永恒的冥冥大山的崇拜。

在古代，人们还为著名的思想家、文学家、民族英雄、清官等建庙立祠以示纪念。孔子是我国著名的政治家、思想家和教育家，他创立的儒学是封建文化的正统，对我国文化产生了深远的影响。为纪念孔子，人们除在其家乡山东曲阜建造宏大的孔庙外，各地还设立了不少孔庙。三国时期的刘备、诸葛亮、关羽、张飞是家喻户晓的英雄，于是全国出现了不少纪念他们的祠庙。如四川成都的武侯祠、四川资中的武庙、四川云阳的张飞庙、山西解县的关帝庙等。宋代抗金名将岳飞，虽有赫赫战功，但为奸臣所害而冤死狱中。为纪念这位民族英雄，浙江杭州建有岳王庙。北宋的包拯是古代执法严明、铁面无私的清官典型，人们在他的家乡安徽合肥专门建有包公祠。此外，四川都江堰有秦国李冰的庙，成都有大诗人杜甫的草堂，四川眉山县有北宋文学家苏洵、苏轼、苏辙的"三苏祠"等。这些祠庙既有各自的建筑特色，也有一定的教育意义。

在民间的许多地方，还有许多家族的祠堂和庙宇。除供奉祖先外，人们还在这里观戏、办学、贮粮等。这些祠庙，无论规模和质量都比民宅好，并且越有势力的宗族，祠庙越讲究。因此，华丽的祠庙既是光宗耀祖的一种象征，又是民间建筑中一道别样的风景。

西安灞桥。在西安市东，横跨灞水，是历史上一座富有诗意的桥。

宋代汴河船

四、繁盛的陆海交通

宋代，我国的交通网络基本没有什么大的变化，但城市道路建设与交通管理方面却有了新的发展。城市建设实现了街和市的有机结合，城内大道两旁，第一次成为百业会聚之区。北宋的都城汴梁经过改建，已成为人口超过百万的大都市，城中店铺达6400多家。汴梁的中心街道称为御街，宽两百步，路两边是御廊。御街上每隔二三百步设一个军巡铺，铺中的防隅巡警，白天维持交通秩序，疏导人流车流；夜间警卫官府商宅，防盗、防火，防止意外事故。这恐怕就是历史上最早的巡警了。唐代已有公共汽车，当时称之为油壁车，宋朝又对油壁车做了改进。车身做得很长，上有车厢，厢壁有窗，窗有挂帘，装饰华美。车厢内铺有绸缎褥垫，很是讲究，可供六人乘坐观光。南宋都城临安的大街上就跑着许多这样的公交车。到了元代，建成了以北京为中心的交通枢纽，拓展了汉唐以来的大陆交通网，进一步覆盖了亚洲大陆的广阔地区，包括阿拉伯半岛和中国南部的大片疆土。

宋代，桥梁众多，千姿百态。当时著名的有渭水之桥、西安灞桥、泉州洛阳桥等桥梁，以及河北赵县的安济桥、苏州的宝带桥、徐州的景国桥等拱桥。各类桥梁设计科学，装饰精细，既实用又美观。北宋都城汴梁水路和陆路都很发达，汴河、蔡河、金水河、五丈河横贯城中。当时，汴河上有桥13座，五丈河上有桥5座，蔡河上有桥11座，金水河上有桥3座，从而使汴梁既有北方都市的雄伟豪放，

宋代佚名画《百马图》中的马和马夫

又有江南城市的水乡特色。

宋朝的交通工具除沿用前代的牛车、骡车、驴车外，骑马之风盛行。由于宋朝与辽、金、西夏对峙，北宋王朝的建立、宋辽夏金的中原逐鹿，充分显示了骑兵在军队中的重要地位。后来，蒙古族的崛起、西征南伐乃至问鼎中原，更是谱写了一曲马背定乾坤的英雄史诗。宋代骑马广泛出现于日常出行、巡游、游猎等活动，张择端的《清明上河图》中便可见骑马游汴京的宋代官员形象。

宋朝，舆辇进一步发展成为轿子。上至皇室贵族，下至黎民百姓，都喜欢乘轿子，轿子成为陆路交通的主要代步工具之一。在《清明上河图》中，熙熙攘攘的闹市中便穿插有二人抬轿而行的场面。古代轿子种类繁多，皇室王公所乘轿子叫舆轿，达官贵人所乘轿子叫官轿，娶亲嫁女所用轿子叫花轿。乘轿者安然，省却了车马劳顿之苦，正如清朝王渔诗所云："行到前门门未启，轿中安坐吃槟榔。"而抬轿之人却苦不堪言，非有专门的训练不可胜任，所以一些讲究礼仪的士大夫不愿乘坐轿子。如北宋王安石辞去宰相之后出门乘驴，有人劝他乘轿，他却回答说："自古以来，王公即使不讲道德的人，也未尝敢以人代畜！"一时传为佳话。

宋朝为适应中央集权的政治需要，邮驿走向军事化，由兵部掌管全国的邮驿事务，邮驿人员改为兵卒。当时驿传分为三等：步递、马递和急脚递。步递是以步行接力传递邮件，速度较慢，日行60里；马递是以马传递较紧急的邮件，速度稍快；急脚递是传送紧急文书的"特快专递"。急脚递在驿路上每隔10里多设"急递铺"，急递的驿马在路上奔驰时，白天鸣铃，夜间举火把，撞死人不负责。急递文书采用"铺铺换马，数铺换人"的办法，风雨无阻，日夜兼程，日行500里。抗金英雄岳飞被秦桧诬陷，宋帝召岳飞回临安，一日之内岳飞在前线接到12道金牌，就是由急递铺传送的朱漆金字牌。宋朝邮驿的另一个重要特色就是形成了较完整的专门通信法规，这就是《金玉新书》。《金玉新书》共115条，其中涉及邮驿刑

河北定州市宋
窑出土的黑白釉花
瓷轿

律的有51条，有关邮驿组织管理的54条，"以法治邮"严格维护了官方文书的不可侵犯性。

宋代交通最突出的特色是海运发达，海上丝绸之路达到鼎盛。宋代指南针的发明和应用，是我国航海技术的一件划时代的大事。指南针是我国古代四大发明之一。当时的舟师除了采用观日航海、观星航海的方法外，还采用指南针导航。这种方法是我国首创的仪器导航方法，也是航海技术的重大革命。指南针的应用和天文导航二者配合使用，促进了航海天文学的发展。中国使用指南针导航不久，就被阿拉伯海船采用，并经阿拉伯人传到欧洲。后来，指南针经过改进而成为罗盘。罗盘应用于航海，说明我国导航技术在宋代居世界领先水平。它的西传，为哥伦布发现"新大陆"创造了前提条件。罗盘的应用，使人类摆脱了海岸的束缚，开始真正驰骋在更加广阔的海洋上。

随着航海技术的进步，宋代的海外贸易远远超过前代。据记载，当时与中国通商的国家和地区有50多个，其中有日本、高丽、交趾、占城、真腊、蒲甘、勃泥、三佛齐、大食等。这些国家大都在亚非航路沿线，可见当时海外活动范围远远超过唐代。宋代远洋航船已能横渡印度洋，开通了从中国直达红海和东非的西洋航线，这标志着我国航海事业已达到繁荣

《轿夫肩舆图》

缕悬式指南针。指南针发明后，开始是漂浮式指南针，后来又发明了缕悬式指南针。

时期。当时中国海船带着大量的丝绸、瓷器、扇、绢、中药等到达各国，回来时船上则装满外国的香料、象牙、茶等。

随着海运的繁盛，中国造船技术突飞猛进。宋代的造船工业分官营和私营两类。私营船厂分布广泛，但规模较小。官营船厂主要分布在沿海港口城市，生产规模惊人。南宋初年，仅江淮四路地区每年造船即达2700余艘，元朝的船坊一年就生产船只5000余艘，宋代每年保持航行的船只达到四五十万艘。宋徽宗年间，为出使朝鲜，特地由官方督造而建成"神舟"豪华大客船，船的载重量达到1500吨以上，行驶起来"巍如山岳"，船体装饰富丽堂皇。当"神舟"号客船抵达朝鲜港时，旋即引起万人围观、欢呼和赞叹。宋朝建造的船不仅种类多、体积大，而且还有工艺先进、结构坚固、载重量大、航速快、安全可靠等优点，在国际上享有很高的声誉。宋朝造船修船已经开始使用船坞，这比欧洲早500年。宋代工匠还根据船不同的性能和用途，先制出船的模型，并进而依据模型画出船图，再进行施工。欧洲直到16世纪才使用船图，比中国落后三四百年。

《清明上河图》中的虹桥

第七章　汉胡融合，新俗屡现

　　辽、金是与宋朝同时鼎立的北方少数民族政权。后来，蒙古族铁骑横扫南北，建立了元朝，统一了中国。辽、金、元时期，阶级矛盾、民族矛盾、社会矛盾交织在一起，社会动荡不安。各民族的风俗文化经过碰撞、交流，呈现出汉胡融合、新俗屡现的特点。

一、服饰和骑射

契丹王子骑射图

　　辽、金、元是中国历史上由3个不同的少数民族建立起来的政权。他们原处于北方，属传统的游牧民族,其服饰的颜色和样式多适宜于骑射，具有浓郁的骑射特色。但在与汉族长期的交往和融合过程中，他们的服饰又广泛吸收了汉族服饰的特点。从总体上来说，他们的服饰既吸取和融合了唐、宋以来汉族服饰的一些元素，同时仍具有鲜明的游牧民族特点。

　　10世纪初，契丹族在北方建立了辽。辽王朝建立的服饰制度，在历史上非常独特。它包括两套服饰制度，即所谓"南班"、"北班"。南班为汉服制，承袭唐代官服遗制，为皇帝与汉官的服制；北班为契丹服制，突出契丹的传统服饰特色，为太后与契丹官员的官服，实际上皇帝也穿契丹服。两种服制，在形制上风格各异、泾渭分明。

库伦辽墓壁画
中的契丹人，牵马
者即剃髡发。

汉服制基本沿袭唐代的官员常服，即身穿圆领衫，腰系玉带，足蹬黑靴。契丹服制受汉族传统的影响，也按冕服、朝服、公服、常服等官服系列划分。契丹民族的传统服装以长袍为主。皇帝在重大场合，要穿白绫袍，戴金冠，束红色腰带，腰带上还要挂鱼状的装饰；皇后穿络缝红袍；臣子们穿细窄的锦袍。平日里，男女都穿相同样式的袍子，一般是圆领、窄袖、紧身，下摆大约与小腿相等，衣襟向左面掩上。臣民袍子较朴素，颜色也较为灰暗，大多选用暗蓝、深褐、铜绿等较耐脏的中间色调，这可能与契丹人一直过游牧生活有关。

在辽代服饰中，巾冠是一种表明身份和地位的重要标志，因此各种巾冠不是任何人都可以随意扎戴的。除皇帝和少数品官戴巾冠外，其他人即使在寒冬也只好裸头忍寒了。契丹族男子，不论贵贱都剃髡发。所谓髡发，就是将一部分头发剃掉，按一定样式保留一部分头发作为装饰。有的前额留一排头发，有的留两耳周围的头发，有的只在两鬓保留两小缕头发。

胡环《卓歇图》中裹巾子、穿圆领长袍、佩豹皮韬
的契丹贵族、官吏和侍从。

穿交领窄袖袍的辽代妇女

图中可见梳辫发、裹巾子、穿圆领窄袖长袍、足蹬乌皮靴的女真贵族和侍从。

辽代妇女具有浓厚民族特色的服饰主要有：衫袄、裙裤、袍等，内穿紧口裤，足蹬黑色皮靴。她们的服装大多适宜于骑马。因为长期的民族交流，也影响了北方汉族居民的服装。宋代统治者对此十分反感，曾多次发布诏书，禁止百姓穿契丹服装，甚至连妇女采用铜绿、褐色的面料也不允许。其中被禁止得最厉害的，是被称作"钓墩服"的袜裤式衣装。宋代，裁缝创造出具有典型契丹民族色彩的钓墩服：上身短袄，下身长裤，膝下套长布袜，脚上蹬短布靴。这种与男装相似的钓墩服，在宋代强大的传统礼教面前自然不会有容身之地，不久便遭禁止。契丹妇女还流行涂一种黄色面妆，冬天涂上，至春天才洗去。宋人见了，还误认为妇女身体有病。对此，有宋人的诗为证：

　　有女天天称细娘，真珠络髻面涂黄。

　　男人见怪疑为瘴，墨吏矜夸是佛妆。

12世纪，女真族在北方建立金。金朝建立后，统治者意识到利用汉族文化强化统治的重要作用，不久，他们参照宋辽官服建立了自己的服饰制度，但较为简单。皇帝祭祀礼服仅为通天冠和绛纱袍；朝服是淡黄长袍，腰束乌犀牛带。官员朝服是红色大袖罗衣与红罗裙，戴进贤冠；公服则为圆领衫。官员的服色分为紫、红、绿三种：五品以上官员穿紫袍，六品、七品官员穿红袍，八品、九品官员穿绿袍。这些规定都是仿效宋朝官服制定的。

女真族的服装比较注意突出北方少数民族风格，其传统穿着是"胡服胡帽"。胡服即袍服，是金代男子常穿的一般服装，特点是：颜色多为白色，窄袖，圆领，下打褶。穿袍服大多系腰带，腰带有玉、金、犀角、象骨等等级类型。当然，他

金墓出土的装
有一个带头的玉带

金代织金锦袍

们也穿靴子。女真族中富有者冬季多穿貂皮、青鼠、狐
等皮裘，贫寒者多穿牛、马、猪等动物皮装，贫富差
别很大。女真族的帽子也很有特色，戴皂罗纱巾或毡
笠帽。男子发式是将头前部的头发剃光，其余的编成辫子，垂在身后，且用带色
的丝带、布条等编入辫子作为装饰。后来清朝满族人的发式与此也是一脉相承的。

　　与历代的女装相比，女真族妇女的服装是最简单的。女真族还处于原始狩猎
阶段，不论男女都穿相同式样的兽皮长袍。金灭辽以后，才逐渐向中原汉族的女装
式样靠拢。一般女真族妇女的常服，多穿衣裙。上衣称为团衫，有直领对襟和斜领
左衽两种，多用黑紫或黑色织物裁制而成。下衣多为襜裙，以黑紫色全枝或折枝
花图案的织物制成，裙摆周边打褶。贵族妇女还要戴边上缀流苏的菱形"云肩"，
这种精美装饰品后来一直流传下来，成为中国贵族女装的一个重要组成部分。

　　1279年，蒙古族灭掉南宋，建立了统
一的元帝国。为使元王朝长治久安，统治者
十分注重借鉴和吸收汉文化，表现在服饰
上，则确立了"近取金宋，远法汉唐"的原
则。元朝的冕服制度大体沿袭了宋金的有
关服饰规则，对天子冕服、百官祭服、公服
及庶士服等均做了规定。

　　元代，在汉族一些传统服饰得到有限
恢复的同时，具有浓厚蒙古族特色的服饰
也发生了重大变化。表现最典型的便是质
孙服。质孙服，汉语又叫一色服，其形制为
整衣上下连属，上衣紧护、窄袖，有斜领、
方领，右衽，下衣为裙式，腰间有很多细疏

元成宗像

121

不同的裙子，裙长过膝。质孙服十分合体，便于骑射，所以蒙古族入主中原后把它作为官员礼服，上至皇帝，下至百官都可穿用。但不同级别、不同季节所穿的质孙服，所用衣料、颜色亦有所不同。而普通蒙古百姓，则一年四季都穿长袍、裤、袄和靴子，袍子通常是窄袖、紧身和右衽。为了挡风，常采取立领。为了便于骑马，下摆做得较宽大，可以遮住鞍座与马身两侧的双腿。

蒙古族男子喜欢戴四方形的瓦楞帽。它由四块毡片缝成帽身，上面再加一个帽顶，看上去像一个倒放的斗。此外，他们也戴圆形笠子帽。蒙古族男子的发型也颇具特色，上至皇帝，下至平民，都习惯于留一种叫"婆焦"的发型，模样颇像汉族小儿的三搭头。

在元代蒙古族妇女的服饰中，姑姑冠是最具民族特色的首服。"姑姑"是蒙古语"冠"的译音，姑姑冠是元朝蒙古族贵族或官僚家室的冠饰。其形制非常特别，两头粗，中间细，好像今天健身用的哑铃。冠体一般先用铁丝制成框架，然后用一定颜色的皮、纸、棉等物装裱起来，再在冠上加饰以金箔、珠花等饰物。冠高通常两三尺，最高的能达到四五尺。蒙古妇女的姑姑冠，在江南等地被视为奇观，有一首咏胡妇诗：

戴钹笠、穿云肩式窄袖衫、腰束抱肚、脚穿靴子的蒙古族男子。

穿着紫貂缘领银鼠裘的皇帝和引弓、臂鹰的行猎随从。

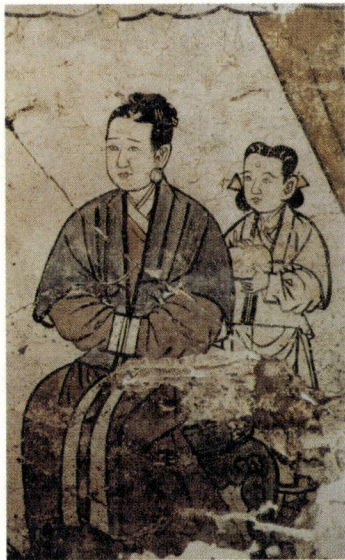

穿素色半臂的元代妇女　　　　扎"额子"的元代妇女　　　　戴姑姑冠、画"一"字眉的元代妇女。

双柳垂鬟别样梳，醉从马上倩人扶。

江南有眼何曾见，争卷珠帘看固姑。

蒙古族妇女的衣着称为鞑靼袍，它以长袍为主，左、右衽都有，大多比较宽博。另外，蒙古族妇女也流行披云肩，既保暖又漂亮，故深受妇女喜爱。

二、酒肉出悍族

在北方辽阔的草原上，契丹族、女真族和蒙古族长期过着自由自在的狩猎生活。他们的日常饮食因地制宜，因陋就简，大碗喝酒，大口吃肉，表现出北方民族特有的豪爽性格。

世世代代生活在辽河上游的契丹人的饮食风俗具有原始、粗放的游牧民族特点。食物种类较少，饮食十分单调，主要以肉类和乳品为主。契丹人进餐，先饮水，然后各种食品陆续送上。他们还有生食鱼肉的习惯，每逢宴饮，一边大碗喝酒，一边拿刀割食大块生肉。

酒在契丹人的生活中占有重要地位。辽代朝野上下、城镇乡村处处可见酒肆。宋使臣苏颂的《奚山路》一诗描绘了在辽国尘土飞扬的山路两边，有100多家酒

内蒙古赤峰敖汉旗群羊山辽墓壁画《烹饪图》。肉食是北方民族的主要食物之一，从画面上看，先将整块的肉煮熟后，切开分食。

辽代胡环《卓歇图》(局部)，展现了契丹贵族出猎后歇息的场景。

馆的招幌在迎风飘扬，酒馆门前车水马龙、生意兴隆的景象：

行尽奚山路更赊，路旁时见百余家。

风烟不改卢龙俗，尘土犹兼瀚海沙。

朱板刻旗村肆食，青毡通幌贵人车。

酒不仅在契丹人的日常生活中占有重要地位，而且渗透到契丹人的政治生活中。据《契丹国志》载：契丹族原来有8个部落，每3年推出一个人为王，统领8部。当阿保机统领8部满3年之际，他以无人能替代为由，不肯让位。为了巩固自己的地位，他假装召集诸部首领在盐池举行酒会，并在周围埋伏大量士兵。等诸部首领酒酣昏睡之时，伏兵四起，并将各部首领全部杀掉，从而统一了契丹各部。对此，清代的陆长春在《辽宫词》中咏此事："盐池杯酒戎机伏，却胜天皇十万兵。"契丹人的酗酒之风也为宫廷政变提供了契机。951年，辽世宗率兵伐周，大军行至详古山时，世宗在行宫中祭奠先祖，群臣皆醉。叛臣耶律察割率军乘机进入行宫，杀死了世宗。辽穆宗更是以嗜酒闻名的君王。穆宗年轻时，终日游戏，不务国事，夜夜酗饮，天亮入睡，日中才起，时人称之为"睡王"。969年2月，穆宗到怀州打猎并射获一头熊，群臣欢饮大醉。当夜，穆宗近侍小哥、盥人花哥、厨师辛古等6人趁机谋反，穆宗被杀。

契丹人的节日饮食习俗也较有特色。正月初一，帝王用糯米饭与羊骨髓制成拳头大的饭团，给帐内每人散发49个。五更三点，帝王从本帐的窗子向外掷米团，

河北宣化辽墓壁画《侍者进食图》

臣僚们在帐外接拾，接得双数，即可奏乐饮宴；接得单数，则不能作乐。三月三日，契丹人用木头雕刻成兔形射击，称为"射兔"游戏。先射中者为胜，负者跪着向胜者献酒。五月五日端午节，国主赐臣艾叶与絮衣，并与臣僚们饮宴，吃艾糕，喝大黄汤。八月十五中秋节，帝王于八月八日在寝帐前七步的地方杀白狗，埋头，露嘴。后七日，移寝帐于埋狗头之处，契丹语叫"担褐奶"。九月九日重阳节，帝王打围斗射虎，射罢登高饮酒。腊月，君臣共同在月下着戎装，五更登朝，奏乐饮酒，宴罢，赐御甲战马，意为"战时"。

居住在黑龙江和长白山一带的女真人好渔猎，也事农耕，饮食较为单纯。他们的主食是白面馒头，馒头有馅，如后来的包子。女真人的肉食以羊肉为主，也善食野味，黄鼠被视为珍品。

由于地处北方，不利于蔬菜生长，一些新鲜的野菜深受女真人喜爱，如荠、蒲、蔓菁、松皮等。蔓菁又叫诸葛菜，用其做菜汤或菜泥，是女真人最喜爱的佳肴。时人有一首咏蔓菁羹的诗：

　　手摘诸葛菜，自煮东坡羹。

　　虽无锦绣肠，亦饱风露清。

　　钩帘坐扪腹，落日千峰明。

诗人将蔓菁汤比作东坡羹，以至于饱得两手扪腹，可以想见是何等鲜美！

女真族饮酒风尚甚浓，醉后往往用绳索捆住醉汉，苏醒后才解开。金灭北宋后，掳获大批汉人和财物北还。在金人的酒宴上，被掳汉人借酒抒发国破家亡的愁绪，创作出许多令人回肠荡气的名篇佳作。翰林学士吴激在金被羁留期间，曾

内蒙古敖汉旗康营子辽墓壁画《奉侍图》，反映了辽代贵族的生活。

赴张侍御家宴，席间，有一陪酒侍女，神态楚楚可怜，经问得知她是宋廷宣和殿的宫姬。吴激由此作《人月圆·宴张侍御家有感》一词：

南朝千古伤心事，独唱后庭花。旧时王谢，堂前燕子，飞向谁家？恍然一梦，仙肌胜雪，宫髻堆鸦，江州司马，青衫泪湿，同是天涯。

女真族遇婚嫁、生子、丧葬等事，也有特殊的饮食风尚。婚嫁时，女婿要去女家拜门，去时必带酒馔，少者10余车，多者100余车。举行婚礼时，男女分行而坐，女家人无论大小，都坐在炕上，男家人拜于炕下，谓之"男下女"。饮宴时，酒过三巡，进食馓子和蜜糕，每人各一盘，曰"茶食"。宴罢，吃茶，即在女家成婚。3年后才能带着媳妇回家。

蒙古人以沙漠和草原的特产为原料，制作自己喜爱的菜肴和饮料。他们主要的饮料是马奶，主要的食物是羊肉。对于大多数蒙古人来说，平时多以马奶充饥，也喝羊奶、牛奶和骆驼奶。只有到了晚上，每人吃一点肉，喝一些肉汤。据《辽史拾遗》记载，蒙古族一匹壮马可养三人，凡有一匹马者，必有羊六七只，有百匹马者，必有羊六七百只。如果出征中原，将羊吃尽后就射兔、鹿、野猪为食。所以即使出师数十万之众，也不携带粮食。蒙古人的菜肴和面点，70%以上是用羊肉或羊五脏作为材料。著名佳肴"带花羊头"就是其中一例："羊头三个熟切，羊腰子四个，羊肚肺各一具，煮熟切攒胭脂染；生姜四两、糟姜二两各切，鸡子五个作花样，萝卜三个作花样，拌用好肉汤炒，葱、盐、醋调和。"

蒙古人嗜饮马奶酒。游牧之时，他们身背马奶酒袋，随时饮用。有时贵族们举行宴会，光动用装载马奶酒的马车就达100多辆。元朝建立后，皇帝和贵族有专门的马群供应马奶酒。后来，随着蒙汉交流的增多，有的汉族上层人士受蒙古人的影响，也对马奶酒感兴趣。如元朝汉族官员许有壬专门写有一首咏马奶酒的诗：

味似融甘露，香疑酿醴泉。

新醅撞重白，绝品把清元。

蒙古人视砖茶如命，即使贫困之家，也不能一日无茶。他们将茶叶碾成细末，做成茶砖，便于携带和保存。

蒙古人的饮宴有许多特殊的习俗。会饮时，他们首先把酒洒在男主人头上一些，然后依次洒在其他人的身上。随之，仆人拿着杯子走出屋外，向南、东、西、北四方洒酒，下跪敬礼。当男主人端杯准备喝时，先倒一些在地上，作为敬地。主人端杯劝酒，客人要一饮而尽，否则就是对主人不敬。饮酒时，邻坐者要相互换

《事林广记》版画，反映了蒙古人宴宾的场面。

陕西蒲城洞耳村元墓壁画中的《献酒图》

127

此图可见蒙古人的居住和饮食礼俗

酒杯。别人与自己换杯，自己必须尽饮其酒，并斟酒给对方。如见客人醉中喧嚷，或吐或卧就特别高兴，认为客人喝醉，就和自己一心了。蒙古宴会还有一种奇特的风俗，就是用锋利的小刀刺肉，互相以极快的速度送到他人的口旁。这种做法，实际上是一种技巧和勇气的比赛。他们吃肉习惯于用手抓或用刀叉切割。但后来蒙古族入主中原后，宫廷饮食的礼仪也就日益繁杂了。

三、行营到处即为家

契丹人、女真人和蒙古人的居住和建筑风俗多适宜于游牧生活。他们以简单的车马毡帐为家，随时迁移，居无定所。苏颂的《契丹帐》一诗形象地描述了游牧民族的生活和居所：

行营到处即为家，一卓穹庐数乘车。

明代陈居中摹《胡笳十八拍图》，反映了契丹人居住的毡帐等。

明代陈居中摹《胡笳十八拍图》，反映了契丹人居住、休息的生活场景。

契丹人牵马图，表现了辽国猎手牵马出行射猎的场景。

千里山川无土著，四时畋猎是生涯。

契丹人的居室具有明显的游动性。他们一年四季逐水草而居，到处为家，赖以起居的传统居室是毡帐和穹庐。辽墓出土的壁画逼真地反映了毡帐的形制：半圆形顶，用皮绳拴缚，南向开有半圆券顶状小门，外观似近代草原牧民居住的蒙古包。毡帐搭撤简便，便于灵活转徙。辽宋诗人咏契丹风土和车帐的诗很多，如辽汉官姜夔的《契丹风土歌》云：

大胡牵车小胡舞，弹胡琵琶调胡女。

一春浪荡不归家，自有穹庐障风雨。

契丹建国后，陆续仿照中原京城建立了上京、中京、东京、南京、西京，史称"五京"之制。但契丹皇帝并非固定居住在京城的宫殿里，而是四时各有居所，冬则违寒，春夏避暑。他们春天到鸭子河泺，凿冰钓鱼；夏天到吐儿山，避暑纳凉，商议国事；秋天到山中打猎；冬天到广平淀，校猎讲武，商议国事，并接受北宋及诸国礼贡。岁岁如此，周而复始。苏辙的《虏帐》诗生动而夸张地道出了皇帝行宫的流动性：

虏帐冬住沙陀中，索羊织苇称行宫。

从官星散依冢阜，毡庐窟室欺霜风。

……

礼成即日卷庐帐，钓鱼射鹅沧海东。

秋山既罢复来此，往返岁岁如旋蓬。

这时，皇帝的行宫实际上就是帐篷或穹庐，不过室内略加装饰而已。

随着契丹人与汉族交流的日益频繁，契丹人的生活方式由游牧向农耕过渡。契丹人定居后，开始出现汉式的板筑土屋，即以木板夹土，分层夯土，筑成土墙，

陕西蒲城洞耳村
元墓壁画中的《夫妇
对坐图》，可见元朝的
家具。

元代刘贯道的《消夏图》，从中可见元代的家具和服式风格。

屋顶苫以茅草。据考古发现，板筑技术最早出现于商代中期，郑州商城城墙就是采用这种技术建成的。后来板筑技术传入北方，并在契丹推广开来。这种居室在北方地区的农村一直沿用下来，直到20世纪60年代，大庆油田在创业时期所谓的"干打垒"，即属于这种板筑方法。

值得一提的是，契丹建筑多东向，这可能与其太阳崇拜的风俗有关。契丹人的室内家具简单轻便，床、榻是辽人最主要和最有特色的坐卧之具。

早期女真人没有真正的房屋。他们常在依山傍水的沟坎处搭几块木头，里外抹上泥，就称之为"房屋"。女真人夏天可以搬出房外，随水草而居，冬天则搬进屋内，迁徙不定。这种坎地而筑的居处，实际上是一种依山傍水的半地穴式建筑。至7世纪金献祖时，女真族才开始开垦耕地，植树种草，筑屋而居。至此，女真人由原来的迁徙不定转向较为稳定的定居生活，居处也由地穴或半地穴式转为完全的地面建筑。但是，地上居室是由地穴形制发展而来的，它依然保留了依山而建的特点。女真人居住习俗的另一特点是"联木为栅"，破木为墙，民居皆东南向。这种建筑形制是与当地的自然环境相适应的。因为东北多树木丛林，木料唾手可得，同时北方冬季寒冷，依山谷、门东南向可避风雪。

辽金时期的女真人由穴居变为地面居室，是其居室建筑的一个重大改革，而实现这一改革的关键是火炕的普遍使用。火炕是我国北方少数民族的一大发明。北魏时期已经有了火炕的记载，北朝或隋唐时期传入河北地区，自金朝始已较为

元帐顶陶车

广泛地应用于民居当中。女真族无论尊卑贵贱，都用火炕为寝息之所，并以其取暖。金代文人写有许多咏火炕的诗篇，如赵秉文的《夜卧炕暖诗》："京师苦寒岁，桂玉不易求。斗粟换束薪，掉臂不肯酬。日枭五升米，未有旦夕忧。近山富黑堅，百金不难谋。地炕规玲珑，火穴通深幽。长舒两脚睡，暖律初回邹。门前三尺雪，鼻息方駒駒。田家烧榾柮，湿烟炫泪流。浑家身上衣，炙背晓未休。谁能献此术，助汝当衾裯。"它充分反映了火炕的形制构造、烧火炕的燃料，以及所营造的农家气息。

后来，女真人建筑发展成满族的居室。到明代，女真人的火炕从四壁之下皆设长炕，变为南西北相连的环炕，锅灶通内炕，已接近今日满族火炕了。到清代，女真人的住宅从比较简陋的木泥房发展成高大宽敞的满族老屋。满族老屋一般为三间或五间，坐北朝南，均在东端东边开门，形如口袋，故称"口袋房"，又因形似斗形，故而被称为"斗室"。房内布局一般是：进门是厨房，是外屋，厨房两侧开门则为卧室，是里屋。里屋有南、北、西三面构成的火炕，称"转圈炕"、"万字炕"等。满族尚右，西墙供祖宗牌位。西炕是窄炕，不睡人，下通烟道。长辈睡南炕，晚辈睡北炕。窗户分上下两扇，多用高丽纸糊在窗外。烟囱多建于屋外西山墙边，与炕相通。"口袋房，万字炕，烟囱出在地面

《事林广记》版画，反映了蒙古人的室内家居陈设。

具有蒙古族建筑风格的成吉思汗陵

上"，这是满族居室建筑的三大特点，而"窗户纸糊在外"则被称为"关东三怪"之一。

为适应草原游牧生活的需要，蒙古人将居室建成可随时移动的穹庐和毡帐。蒙古人的毡帐都是圆形的，骨架多用交错的柳枝扎成。草原上缺树木而多高柳，建帐材料能够充分保证，而且柳枝柔韧，可以弯成圆形而不折断。骨架顶端为一小圆圈，由圆圈往下全用白毡覆盖，固结在骨架上。蒙古人常在毛毡上涂以石灰、白黏土和骨粉，使之更为洁白。小圆圈不用毡覆盖，即所谓"天窗"，以便进入光线和排出烟雾，保持帐内空气新鲜。毡帐门朝南开，用柳条扎成门框，门框下端绑一根横木，作为门槛。门框上吊着用毛毡制成的门帘，并饰以各种图案。由于草原人的耿直和豪爽的性情，少有偷盗，帐门一般都不加锁。蒙古大汗居住的毡帐要比一般牧民的毡帐大得多，装饰也更精美，称为"斡耳朵"。

普通人家的帐内布置简单，主要是神像和供品。富裕人家的帐内中央常设置一个神龛，放置神像和供品。一般牧民将神像放在帐门两侧，并配以毛毡制成的家畜像，以祈求神祇对家畜的保护。帐内，男主人的寝处置于帐北的正中或偏西，主妇的寝处居于他的左侧。男人进帐后，绝不能将箭袋挂在妇女一侧，必须挂在西侧帐壁上。富裕之家，帐中有床，贫苦牧民则只能在地上铺毡而睡。寝具都用毛毡制成，可铺可盖。帐内多有火塘，以牛粪和马粪作燃料。

蒙古人居住有许多特定的习俗。如入帐时不得踩踏门槛和碰摸绳索，不得戴斗笠撞帐。蒙古人敬畏天神和火，不得拿小刀以任何方式去接触火，不得用小刀到大锅里取肉，不得在火旁拿斧子砍东西，他们认为这是砍火头。

四、帝国交通与行路礼俗

辽、金、元时期，是几个少数民族政权长时间并存的时期。这时期不同地区、不同政权范围的交通，因经济、风俗和民族进化水平的不同而表现各异。长期以来，为适应游牧民族的生活习惯，在辽阔的北方草原上，马、牛等牲畜是契丹、女真和蒙古民族主要的交通工具。他们是名副其实的"马背上的民族"。契丹、女真和蒙古族起自塞外，长期放牧牛马，以骑射为生，后来受中原和其他地区民族的影响，开始有了车帐。据胡峤《陷房记》记载："契丹之先常役回纥，后背之，走黑车子，始学作车帐。"如果说这时期交通的发展有什么可圈之处的话，则当属元朝统一中国后，将原有宋朝交通又大大推进了一步。

元代，建成了以北京为中心的交通枢纽，拓展了汉唐以来的大陆交通网，进一步覆盖了亚洲大陆的广阔地区，包括阿拉伯半岛和中国南部的大片疆土。蒙古

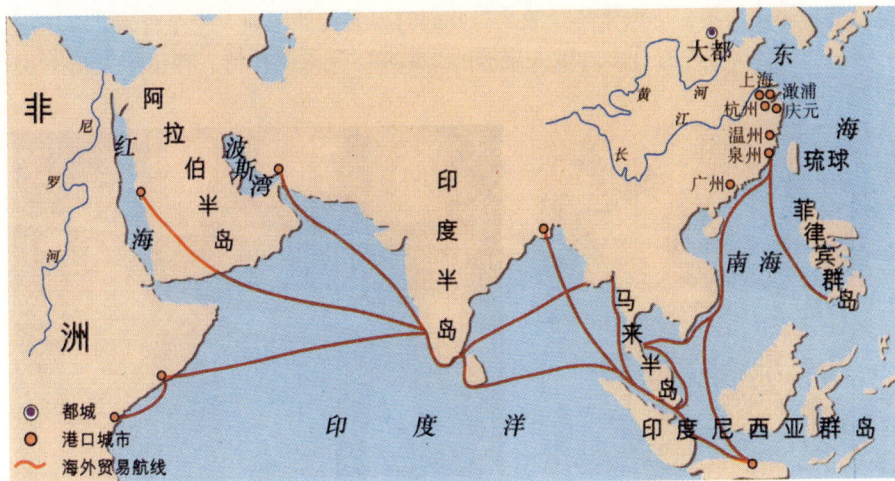

元朝海外交通图

元舟形砚滴。
反映了当时船上有
各种设施，船夫和
游人刻画细腻。

　　族不仅统一了中国，还把从波罗的海到太平洋、从西伯利亚到波斯湾的亚欧大陆统一于一个大帝国的控制之下，促进了东西交通与文化交流。当时东西方交通，陆路方面主要有三条大道，完全由蒙古各汗国所控制。第一条由察合台汗国首都阿力麻里经塔拉斯，取道咸海和里海以北，经钦察草原到伏尔加河下游的萨莱，由此向西直通欧洲，或经克里米亚，越黑海而达君士坦丁堡，或经高加索至小亚细亚。这条路最短、最安全，商旅络绎不绝。第二条路由阿力麻里入河中，经撒马尔罕、布哈拉、呼罗珊而抵小亚细亚。第三条路是由和田越帕米尔高原，经阿富汗和伊朗，再沿着两河流域到达地中海沿岸。

　　海路则更为便捷。元代中国海船是最大的，装备也是最好的。中国航船可通东南亚、印度、阿拉伯，一直到达东非各地。元朝继续重视与外国的联系，随着中外交往的发展，元代沿海涌现出一大批港口城市，如登州、镇江、太仓、明州、上海、温州、泉州等，泉州是当时我国最大的对外贸易港。这些城市粮艘诸番，蛮商夷贾，辐辏云集，一派繁华景象。与此同时，大批外国商人纷至沓来并在中国定居，当时杭州城内有许多外国人聚居的"番坊"。元末一位诗人曾描绘泉州："缠

元朝时的泉州港

番客墓墓碑

马可·波罗像

元代高原驿道

头赤脚半番商，大舶高樯多海宝。"在海外贸易发展的过程中，元代开始在泉州、广州、杭州、上海等地设立市舶司从事对外贸易的管理。

中西交通开通后，中国进口的主要商品是原料和某些特产品，如东南亚的优质木材、宝石、香料、象牙以及中亚的皮革和马匹等。中国出口的商品主要是手工业制品和文化用品，如瓷器、丝绸、书籍、文具和绘画作品等。东西交通畅通无阻，各地商人、使臣、僧侣、旅行家等来往更为频繁。元朝时期与朝鲜、日本等亚洲国家以及欧洲各国都有广泛的政治、经济、文化交流。著名的马可·波罗就是在这个时期来到中国的。马可·波罗是意大利人。1271年，马可·波罗随父亲和叔父前来中国，1275年在大都（今北京）会见忽必烈并得到赏识。以后在元朝生活了17年，历游全国各地，并奉命出使外国，到过占城、印度和西亚等地。回意大利后，根据他的口述而记录下来的《马可·波罗游记》，叙述了他在中国的见闻及元朝的政治制度、行政机构、军队、驿站、经济文化生活、宗教习俗等，对中国的富庶与繁荣倍加赞扬，并为之惊叹不已。

元朝幅员辽阔，为适应统治的需要，元统治者对邮驿进行了积极的改革。元朝的驿路范围大大扩展，全国境内约有驿站1500处。元朝在广阔的土地上建立了

急递铺令牌。元代有大量的急递铺，专门负责文书传递。

驿站铜印

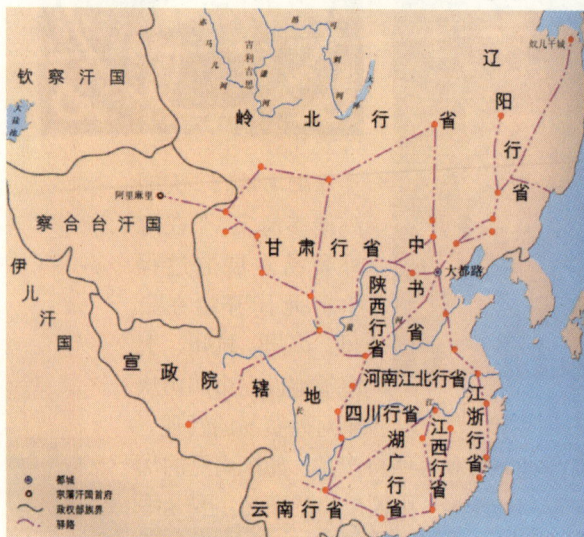

元朝驿站图

严密的"站赤"制度。所谓站赤，是蒙古语"驿传"的译音。站赤制度是一种完整而系统的驿传制度，它包括驿站的管理条例、驿官的职责、驿站设备以及对站户的赋税制度等。元朝仿效宋朝在各州县广泛设置"急递铺"，共约2万多处。据元《经世大典》记载："凡在属国，皆置传驿，星罗棋布，脉络贯通。朝令夕至，声闻毕达。"意大利人马可·波罗在游记中对元朝的驿站也有生动细致的描绘。他说：从元朝京城到各省的四通八达的干道上，每隔几十里就有一座建筑宏伟、陈设华丽的驿站。驿站中饮食起居所需物品，一应俱全，并为使者配备各式交通工具。据统计，元朝共有驿马4.5万匹，东北哈尔滨有驿狗3000只，南方有水驿420处，备驿船5920艘。这些交通工具和设施构成了元朝庞大的驿路交通网。

元朝时期，大运河的作用更为明显。元朝先后开凿了会通河和通惠河，使京杭大运河全线贯通。当时粮食以漕运为主，漕运又以大运河为主。每年通过大运河由江南运到开封的粮食，一般都在五六百万石，多时达800万石，超过唐朝的漕运量。至于所运送的金银、布帛、茶叶和其他土特产，更是不计其数。

值得一提的是，中国的行路礼俗历史悠久，经过几千年的发展，到元代已基本成形。中国地广人多，各地区、各民族的行路礼俗五花八门，俗话说："五里不同风，十里不同俗。"但总体上说有以下几方面较为普遍。

外出旅行，第一件重要的事情是选择一个出行的吉日。山西风俗是逢七的日子不可启程，逢八的日子不可归家，俗谓"七不出门，八不归家"。十三日忌出远门，因为十三与"失散"谐音。山东有些地方忌双日出门，说"要待走，三六九"。出门前最重要的仪式是祭路神，祭祀路神的仪礼，要选择吉日，避开忌日，并且出行方向不同，行祭礼的地点也不同。湖北出土的秦简中就有祭路神和择吉日的记载。另据《史记》记载，汉景帝征召临江王刘荣往长安，刘荣临行前在江陵北门举行祭神的仪式，随之欲登车启程，但车轴折断而车辆报废。江陵父老于是涕泪横流，私下议论说："刘荣回不来了！"后来刘荣果然因罪自杀，葬于蓝田，再也没有回到江陵。他离开江陵城时所经过的北门，从此再也没有开启过。后来，祭神逐渐发展成为饯别，祭神的味道淡化，送别的气氛变浓。出行前亲友聚在一起，饱餐美食，以示远行的郑重气氛和送别者的深情。文人饯别时，有时还吟诗留别。唐诗宋词中，饯行的作品不在少数。如李白在离开金陵时，写下了《金陵酒肆留别》诗：

风吹柳花满店香，吴姬压酒唤客尝。

金陵子弟来相送，欲行不行各尽觞。

请君试问东流水，别意与之谁短长！

有时亲朋好友远行，要送礼品，以表示睹物思人、两情长依。如晋文公重耳流亡到宋国，离宋时，宋襄公送给他车马20乘。春秋时，淳于髡为梁惠王所赏识，欲拜为卿，淳于髡不受。在他辞行时，梁惠王赠送他"安车驾驷，束

《通惠河漕运图》（局部）

山东嘉祥武氏祠画像中荆轲刺秦王的故事

帛加璧，黄金百镒"，礼品十分丰厚。亲友对上路的行人依依不舍，经常还要相送一程。燕太子丹派荆轲去刺秦王，因为九死一生，送别的场面十分悲壮："太子及宾客知其事者，皆白衣冠以送之。至易水之上，既祖，取道，高渐离击筑，荆轲和而歌，为变徵之声，士皆垂泪涕泣。"这次送别留下的"风萧萧兮易水寒，壮士一去兮不复还"的诗句，成为鼓励出征勇士的千古绝唱。

自古以来，中国人习惯于早出发赶路，以便早些到达目的地。在古代文学作品中有许多这方面的描写。宋代著名诗人陈兴义曾在旅途中写下一首《早行》诗：

露侵驼褐晓寒轻，星斗阑杆分外明。

寂寞小桥和梦过，稻田深处草虫鸣。

第八章 违礼逾制，趋新慕异

元末，农民起义军南征北战，推翻了蒙古族统治下的元朝，统一了中国，建立了明朝，重新开启了汉族历史的新篇章。明朝建立后，强化了中央集权统治，奖励农耕，推动和刺激了商品经济的发展。随着社会价值观的变化，启动了社会久遭禁锢的消费和享受欲望。在衣食住行方面，形成了恃富越分、违礼逾制、趋新慕异的生活风俗。

一、斥胡服，复汉统

明朝建立后，采取各种措施加强皇权，其中对服饰制度的改革便是重要一环。明太祖在位的31年间，先后十几次制定和修改服饰制度，平均每两年就要修订一次，可见他对服饰制度的重视。修订后的明服饰制度最突出的特色，一是排斥胡服，恢复传统，禁止胡人习俗，"上采周汉，下用唐宋"祖制；二是进一步强化品官服饰之间的等级界限，用冠梁、色彩、图案等手段，最大限度地表现品官之间的差异，达到使人见服而能知官、识饰而能知品的效果。

明代官服按照唐宋时期的传统，分为冕服、朝服、公服和常服等不同系列。在冕服制度上，明代尤其突出皇权，扩大皇威。明太祖认为，传统的冕服之制过于烦琐，决定在祭天地、宗庙等仪式时穿冕服，其他一概不用。而且规定，除了皇帝、太子、亲王、郡主外，其他朝廷命官不得再穿冕服。至此，延续了两千多年的君臣可以共用的冕服制度，成为皇帝

南薰殿旧藏《历代帝王像》中的明代皇帝像

明代定陵出
土的金丝翼善冠

和皇族的专用服装。明代品官穿朝服时一律戴梁冠，并且按官职尊卑，梁冠分九个等级。官员的袍服也按文、武官分别用不同的颜色和图案。

　　明代官服最有特色的还是补服。补服是一种常服，是在已恢复使用的圆领袍的胸部和背部，各附缀上一块方形补丁，称之为"补子"。补子上绣有各色禽兽图案，以区分官阶等级。文官须具斯文雅致之品质，故选用仙鹤、孔雀、云雁、黄鹂等美禽作图纹；武官须显示剽悍勇猛之锐气，故选用狮子、虎、豹、熊、犀牛、海马等猛兽作图纹。皇帝是九五之尊，所采用的是中华民族的象征——龙。从唐宋开始，龙便开始被皇家占有，到明代，龙更成了帝王独有的徽记，成了彻头彻

明代《李贞写真像》中的戴乌纱幞头、穿织金蟒袍的官吏。

明代《王鏊写真像》中戴展角幞头、穿织金蟒袍、系白玉腰带的官吏。

明代《沈度写真像》中戴乌纱帽、穿盘领补服的官吏。

明万历刻本《御世仁风》插图中戴六合统一帽和四方平定巾的人物

尾的专制权威的象征。穿补服时，通常要配以乌纱帽和不同级别的革带。

明代一般男子的服装以袍衫或短褐为主，衣袖宽肥，有圆领、直领和斜领。穿着上也有明确的等级规定：举人、监生等穿用玉色布绢制成的袍，衙役、皂隶等穿棉布制成的青色布衣，农夫和渔民以短褐和下裤为主。民服中颇具特色的是一些巾帽的名称和制式，如四方平定巾、六合统一帽和网巾等。四方平定巾是明代职官、儒生常戴的一种便帽，用黑色纱罗制成，戴时，巾呈四角方形，不用时可以随意折叠。据说，大臣杨维祯有一次朝见朱元璋，戴的就是这种帽子。朱元璋问他这巾子叫何名，为投合皇帝心意，杨维祯随口杜撰叫"四方平定巾"。朱元璋一听，龙颜大悦，下命将其颁行天下。于是，官员和读书人风行戴四方平定巾。六合统一帽又叫瓜拉帽，也是后世人们俗称的瓜皮帽。据文献记载，六合统一帽也是杨维祯为阿谀奉承朱元璋而提出来的，意思是天下江山统一于朱元璋。这种帽子主要由下层人士所戴，一直流传到民国乃至新中国成立后。网巾，原本是

明万历刻本《玉杵记》插图中头戴笠子帽加红缨的乐手，戴乌纱帽、着补服的官僚。

清朝无款的《娄东十老图》中戴四方平定巾、穿衫子的明朝士人。

戴耳环、戴凤冠的明代皇后。

戴凤冠的明代贵妇

明代霞帔

　　道士的帽子，用棕丝或丝帛线编织而成。关于网巾，也有一个传说。一次，朱元璋微服出行，途经神乐观，见到一位道士正在灯下编结网巾，不禁好奇地问："这是什么东西？"道士回答说："这是网巾，用它裹头，可以让万发俱齐。"朱元璋一听"万发俱齐"，很是高兴，马上封道士为道官，并取13种不同的网巾颁行天下，无论老幼贵贱皆可戴。

　　明代妇女服饰形制主要参照宋代妇女服饰而定。贵族妇女有礼服和常服两种，并且按等级在形制和图纹等方面有严格规定。霞帔，是明代贵族妇女服饰中的重要衣饰之一。它是一条从肩上披到胸前的彩带，用锦缎制作，上面绣花饰，两端做成三角形，下面悬挂一颗金坠子。明代把它确定为贵妇的礼服，并且根据不同的品级确定了不同的花纹。凤冠也是贵族妇女的标志服饰之一。据说凤冠始于汉代，明代承袭了宋代的龙凤冠之制，并对皇后、妃嫔和命妇的龙凤冠做了详细的规定。由于凤冠、霞帔是贵妇人的标志，所以其在封建社会中是妇女们追求的目标。后来，随着服饰等级规定的放松，凤冠、霞帔可以作为女孩结婚的礼服。直到民国初年，老式婚礼上还要给新娘戴凤冠。

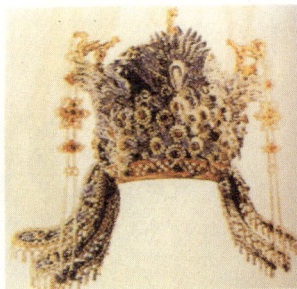

明代龙凤珠翠冠　　　　　　　　　　明代抹胸

　　民间普通妇女的服装是十分简单的，一般以袍衫和裙为主，但其颜色却有十分严格的限制。如只许用紫、绿、桃红及各种淡颜色，而禁止使用大红、鸦青及黄色等高贵颜色。比甲是明代妇女的流行装。其形制为盘领和交领，无袖或只有很短的袖，衣襟一般用纽扣相连。比甲的长短不一，一般以至臀下或膝下最为常见。裙子是明代妇女的主要下裳。明初女子所穿的裙子颜色较淡，质料一般。到明中后期，妇女攀比之风兴盛，裙子已选用上乘的罗、缎等制成，裙子的式样也发生了很大变化，这与明初的简朴之风形成了鲜明对比。明万历年间，妇女裙式崇尚梅花条裙和画裙。明末，富家妇女中还流行一种打细褶的"幅裙"。裙幅一般

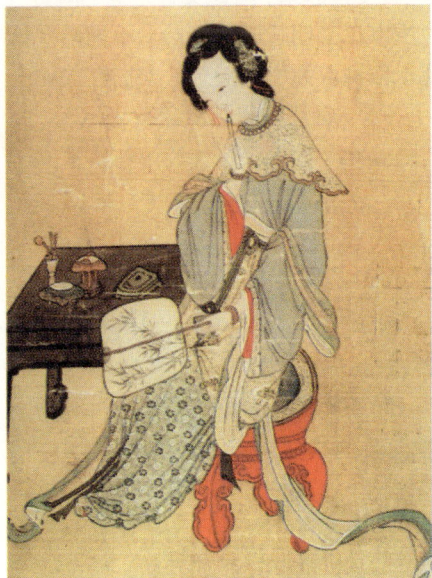

穿膝裤的明代妇女

披云肩的明代妇女

高底弓鞋

穿弓鞋的明代妇女

有6至8幅，穿起行走时，宛如行云流水。这一时期，在南方的一些地区，劳动妇女为下田劳动方便，还穿一种极为朴素的短裙，名叫"水田衣"。

由于缠足之风在明代依旧流行，所以妇女的鞋子也就以弓鞋为多。明代弓鞋尖不上翘，有高腰的，也有矮腰的。另外，明代妇女还常穿一种叫"凤头鞋"的绣鞋，鞋面上加缀一些珠宝类的饰物。

明代民间妇女的头饰中，额帕是比较流行的一种。额帕是一条2寸~3寸宽、长约为头围两倍的丝巾，一般用乌纱制成。使用时将头额和一些头发包起来，因此又称之为"包头"。由于这种包头式的头饰既简单又美观实用，所以深受明代不同年龄、不同层次妇女的喜爱。后来，在包头的基础上，又出现了珠箍。为增加美感，人们在额帕上饰一些金银或珠翠一类的宝物，叫珠箍。到了冬天，又用各种名贵兽皮做成箍，并以所用皮毛的种类加以命名，如"貂覆"、"卧兔儿"等等。这种装饰在富家女子中比较常见。

二、丰富多彩的节日饮食

节日的来源，多与人们的原始信仰有关。古代，人们认为许多自然现象都是由某种神力支配的，因此在不同的岁时季节祭祀某种神灵以祈福、避灾。但是，节日一经流传成俗，无不与饮食相结合。随着时间的推移，人们原先最为讲究的祭礼、纪念仪式日益简化，甚至不再举行，唯独节日的饮食风俗历久不衰。由此，传统的节日饮食成为古代饮食史的重要组成部分。

春节起源于原始社会的"蜡祭"，"蜡祭"是古人在年终举行的庆祝农业丰收的报谢典礼，后来逐渐成为我国最盛大的传统节日。从十二月初开始，村民就开

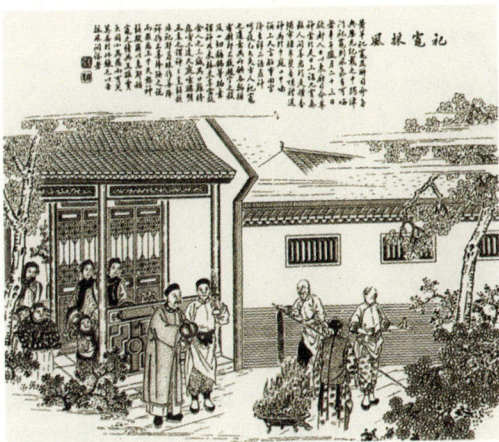

腊月二十三祭灶，在院中供奉糖果。

民间用黄羊祭灶，以示来年财运滚滚。

始准备食品，做绿豆饼、年糕，购买肉食、酒类等年货。过年的庆祝活动从农历十二月初八，即腊月初八就开始了，直到正月十五元宵节闹花灯结束。

　　腊月初八民间吃"腊八粥"。"腊八粥"原是佛教徒在腊八节的食物。相传十二月初八是佛教创始人释迦牟尼成道之日，佛寺在这一天都要举行隆重的宗教仪式，并效法佛祖成道前牧女献乳糜的故事，取香谷和果实等造粥供佛以示纪念。唐代已有吃"腊八粥"的风俗。"腊八粥"的原料有粳米、糯米、赤豆、栗子、桂圆、白果、红枣、莲子、核桃仁、花生仁等。名义上要凑够八样，但不完全拘泥于此。一般文火慢炖，热食。古人认为吃"腊八粥"具有消灾长寿、向往幸福的含义。

　　腊月二十三是祭灶的日子，民间称之为过小年。祭祀时，在灶王爷神像前摆上一些糖果和一碗面汤，烧香磕头，把旧灶神像揭下烧掉，在鞭炮声中送灶王爷上天。祭灶的目的是祈求有一个五谷丰登，吉利祥瑞的来年。祭灶以后，家家户户都忙着大扫除、做年糕、蒸馒头、杀猪宰羊，春节的气氛逐渐浓郁。大扫除意喻年终扫除秽气。据宋代吴自牧《梦粱录》记载，其时"士庶家不论贫富，俱洒扫门闾，去尘秽、净庭户……以祈新岁之安"。

《做宁波年糕》

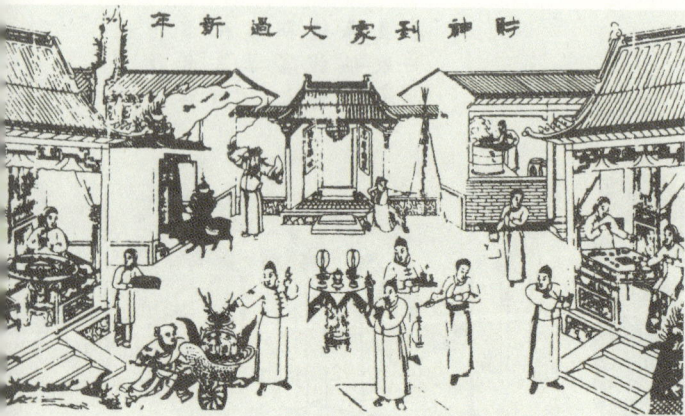

财神到，过新年。

欢欢喜喜过新年，吃团圆饭，打麻将，迎送宾客。

　　除夕，俗称大年三十，是农历一年的最后一天，也是最热闹的一天。这时，欢庆活动进入高潮，家家户户换门神，贴春联，燃爆竹，焚香，送玉皇上天，迎新灶君下界。自唐代始，大多以唐初的名将秦叔宝和尉迟敬德为门神，个中由来，据说是有一次唐太宗生病，听到门外有鬼魅呼号，便命令秦叔宝和尉迟敬德身穿戎装站在门外侍卫，当夜果然无事。于是，就命画工绘出二人全副武装的画像，挂在门上。后代沿袭，二人便成了辟邪的门神。后来也有在门上贴"福"字，以求得福，有时"福"字还要倒着贴。倒贴"福"字传说起源于清代恭王府。一年过春节，一个不识字的家丁把

大门上的"福"字贴倒了，恭王府的福晋发现后，欲鞭打家丁。幸好大管家是个能言善辩的人，他慌忙跪倒解释："奴才常听人说，恭王府福到了，如今大'福'真到了，乃吉庆之兆。"管家借用"倒"字的谐音随机应变，正好迎合了福晋的心理，福晋也就没怪罪家丁。之后"福"字倒贴成为时尚。春联则起源于古代桃符，但到明初已明确为春联。除夕还要祭祖祭神放爆竹。以爆竹辟鬼邪始于汉代，据西汉东方朔《神异经》载，古代西方山中有一怪物，有人碰到它就发病。怪物不怕人，只怕声响。于是人们燃烧竹竿发出响声，怪物就不敢来了。以后，烧竹竿

演变成放纸卷火药的爆竹。到南北朝时，春节放爆竹已很盛行。

除夕之夜，全家老少团聚一堂，开启陈年佳酿，烹调荤素时鲜，举杯共庆人寿年丰，安康祥和，是为吃年饭。南北朝以来，许多地方年夜饭流行喝屠苏酒以避瘟疫，陆游的

吃年夜饭

诗句"半盏屠苏犹未尽，灯前小草写桃符"，说明直到南宋时这种风俗还很流行。明清以来，南方和北方的年夜饭有了明显区别。北方除夕多吃饺子，取"更岁交子"之意。据记载，饺子成为春节主要食品的原因有二：一是饺子形似元宝，有"招财进宝"之意；二是饺子有馅，人们把吉祥物包进馅里，以寄托对新年的祈望。如在饺子中放些糖，意味着来年生活更甜美；放些花生，意味健康长寿；包一枚钱，谁吃出钱来谁就财运亨通。除夕的饺子讲究皮薄、馅足，捏得严紧，既不准捏烂，也不准煮烂。南方除夕多吃元宵和年糕，元宵取全家团圆之意，年糕取生活"年年（黏黏）高（糕）"之意。年饭已毕，父老笑语喧哗，孩童嬉戏打闹，通宵达旦，迎接新年的到来，谓之"守岁"。正月初一开始，阖家老幼，远亲近邻，亲朋好友，相互恭贺新禧，是为"拜年"。

旧时北京地区有一首民谣，从饮食上唱出了从腊八到大年初一的热闹情景："老婆老婆你别馋，过了腊八就是年。腊八粥，喝几天，稀稀拉拉二十三。二十三，糖瓜黏；二十四，扫房日；二十五，做豆腐；二十六，炖羊肉；二十七，去宰鸡；二十八，把面发；二十九，蒸馒头；三十日，坐一宵。大年初一扭一扭，您新禧！您多礼！一手白面不搀你，到家给你道新禧！"

正月十五元宵节，旧称上元节，是辞旧迎新活动的最后一个高峰。这一天，人们吃汤圆、包饺子、扭秧歌、踩高跷、观花灯、猜灯谜、舞狮舞龙，通宵达旦。元宵放灯据说起源于东汉明帝时期。明帝派遣使者从印度求得佛法，回到京都洛阳，

147

元宵节观灯行乐

元宵节时的汤圆摊

汉明帝亲自出宫迎接，燃灯拜佛，并在雍门西建白马寺弘扬佛法。这引起了道教的强烈不满。71年正月十五，汉明帝组织佛、道两教在白马寺斗法，结果佛家获胜。由此，明帝下令每年正月十五夜间要张灯结彩，以示对佛教的尊崇。之后，元宵张灯成为习俗。元宵节的特色食品是汤圆，取团圆之意。汤圆的品种很多，吃法也不尽相同。北宋以前是无馅的圆子，到了南宋，才包馅，有馅汤圆分为甜味和咸味两种。甜味有白糖、核桃、桂花、芝麻、山楂等，咸味可荤可素，有肉馅、素馅等。

立春象征着春天的来临，也预示着一年农事活动的开始。古代，帝王常率群臣举行隆重的迎春大典，有的还亲自扶犁耕一块地，表示对农耕的重视。立春吃春卷的习俗，据说始于晋代。但那时的春卷，只是包些萝卜、芹菜等菜蔬。后来，春卷又叫春盘、春饼，内容也逐渐丰富。从宋代开始，春卷已出现在市场上。清代林兰痴的一首诗就赞誉了扬州市肆的春卷：

调羹汤饼佐色春，春到人间一卷之。

二十四番风信过，纵教能画也非时。

随着时间的推移，春卷的制作也愈来愈精美。据记载，南宁宫中的春卷"翠缕红丝，金鸡玉燕，各极精巧，每盘值万钱"。

三月有寒食节和清明节。寒食节这天，家家都要禁烟火，人们只能吃预先做好的冷食，所以叫"寒食"。关于寒食节的由来，据传，春秋时期晋文公即位前曾

清明祭祖

流亡列国19年，有位名叫介子推的忠士不畏艰难跟随左右，在最困难的时候还割下自己大腿上的肉供晋文公充饥。可是在晋文公回国做了国君后，介子推却不求利禄，与母亲一同隐居山中。晋文公找不到他，便放火烧山逼他出来，谁知他矢志不移，竟抱树而死。晋文公为悼念介子推，下令禁止在他死的这天燃火煮饭，以后相沿成俗，叫寒食禁火。清明节本是二十四节气之一，人们将三月清明节气开始的第一天定为清明节，认为万物至此皆洁齐而清明。在时间上，寒食节与清明节相差不了几天，后人便将两节合而为一。寒食清明节的习俗还有扫墓、插柳及画蛋吃蛋。扫墓之风始于秦汉，盛行于唐，宋代高翥的《清明》诗描述了当时的情景：

南北山头多墓田，清明祭扫各纷然。

纸灰飞做白蝴蝶，泪血染成红杜鹃。

清明节在门窗上，甚至人们在头上戴柳，有消灾避祸的意义。至于画蛋吃蛋，则是因为禁火做饭而准备的食物。

五月初五，人们又迎来端午节。端午节的起源，据说与伟大的爱国诗人屈原有关。屈原是战国时期的楚国大夫，遭谗害不用，愿望破灭，在极度忧愤悲恸的心境下，于278年农历五月初五纵身投入波涛汹涌的汨罗江。楚国人爱戴这位贤臣，闻讯纷纷划船去救他，但追至洞庭湖上，已不见踪影。为了不让鱼虾吞食这位三闾大夫的躯体，人们不断往河中丢放粽子。由此便形成了端午节举行龙舟赛和裹食粽子的习俗。粽子在不同地方，分别将米用菰叶、芦叶、笋叶包裹成三角锥形和四角枕头形，煮熟之后，米中吸收了叶的清香，成为别具一格的风味食品，深受人们的喜爱，并一直流传至今。此外，端午节民间还有饮雄黄酒、悬艾叶、插

《裹角黍》，清人徐阳绘，描绘了民间端午节包粽子的情景。

菖蒲、斗百草等习俗。门窗上插艾以避恶去毒始自南北朝，到宋代，名贵药材菖蒲被道家视为避邪之物，因此，明清时期，饮菖蒲酒以去毒的风气大为盛行，后来菖蒲酒演变成黄酒。古时，有一首流传的民谣形象地描述了端午佳节的习俗："五月五，是端午。门插艾，香满堂。吃粽子，洒白糖。龙船下水喜洋洋。"

旧历七月初七为乞巧节。传说这天牛郎带着一儿一女与织女相会于天河。夜深人静时，姑娘、媳妇们在庭院内摆设自制的酒菜、"巧果"以及针线等，焚香列拜，趁织女和牛郎相会团圆、心情愉快的时候，乞求织女品评，并教她们女红技艺。"巧果"是各式小巧玲珑的面点，大多为自制，祭祀仪式结束后，全家分食。到清代，乞巧节前，集市上已卖巧果，并且各地上演牛郎织女的戏。今天，乞巧节的不少习俗已弱化或消失，唯有象征忠贞爱情的牛郎织女的传说一直流传民间。

八月十五中秋节，主要活动是赏月和祭月。先秦时的帝王就有秋天祭月的礼制，魏晋开始有中秋赏月的活动。到唐宋时期，赏月、祭月已成为宫廷民间的盛大活动，明代月饼则成为必备的祭月食品。关于中秋吃月饼的习俗，民间有多种

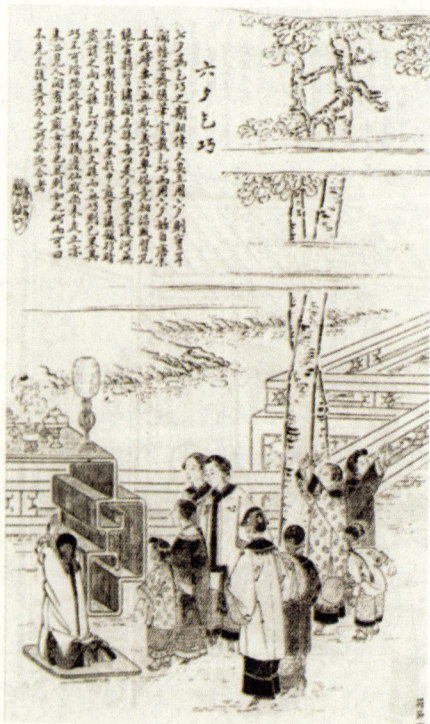

七月初七乞巧节

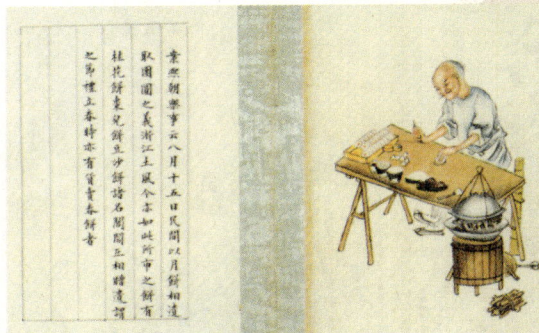

八月十五做月饼

传说，其中最主要的是以月饼之圆象征合家团圆之意。明末彭蕴章在诗中描述了当时月饼的精巧花样："月宫饼，制就银蟾紫府影，一双蟾兔满人间。悔煞嫦娥窃药年，奔入广寒归不得，空劳玉杵驻丹颜。"可见，当时心灵手巧的厨师已把嫦娥奔月的美丽传说，作为食品艺术图案再现于月饼之上。祭月的食品，北方一首儿歌说得很具体："八仙桌儿镶金边，小小月饼往上端。左边儿石榴，右边儿枣儿，当间儿又摆大仙桃。紫花梨儿，红柿子，当间儿又摆毛栗子。毛豆角儿两头儿尖，小小西瓜往上端，钢刀切成莲花瓣儿，一年四季保平安。"祭月后，全家分食月饼。分切月饼很讲究，按全家人数多少均匀分切，不能多切，也不能少切，不能切得大小不一。

农历九月初九为重阳节，民间有登高、赏菊、饮酒、吃重阳糕的习俗。重阳登高，原是古人在围猎骑射之后，登上高地，摆宴饮酒加以庆贺，并举行拜天之礼。登高的寓意，在于离天愈近，祭拜也愈诚。大约从汉代开始，重阳节逐渐盛行，并被赋予了长寿的主题。传说东汉年间，汝南桓景随费长房游学，费长房对桓景

《中秋拜月图》

151

重阳节出游的妇女

重阳节，文人墨客登高、畅饮、赏菊，好一派风雅之气。

说：九月九日汝南将有大灾难，速命全家缝装有茱萸的布囊系在臂上，登山饮菊花酒，即可避难。从此，每逢重阳，登高饮酒和插茱萸便相沿成风，世代流传。到了唐宋，人们把茱萸插在头上登高畅游，盛极一时。诗人王维在《九月九日忆山东兄弟》一诗中写道：

> 独在异乡为异客，每逢佳节倍思亲。
>
> 遥知兄弟登高处，遍插茱萸少一人。

至于重阳节吃糕则与元明以来道家所鼓吹的花糕可避邪有关，也有取"步步皆高"之意。对重阳糕的制作和盛行，清朝的《帝京岁时纪胜》说："京师重阳节花糕极胜。有油糖果炉作者，有发面累果蒸成者，有江米黄米捣成者，皆剪五色彩旗以为标帜。市人争买，供家堂，馈亲友。"

三、帝陵荟萃

明朝建立后，帝王照例重新修建离宫别苑，功臣贵族到处占地修园，从而使明清两朝的宫殿园林自成一体，并达到了登峰造极的地步。同时，明朝的墓葬制度逐渐完善，陵墓建筑达到了高峰。

自古以来，中国人就注重死后的归宿，所以陵墓的建造也就成为人生最后一件大事。早在秦朝，秦始皇就建造了气势恢弘的骊山陵墓。汉承秦制，十分重视陵墓的建设，并流行在陵墓前设石马、石狮、石象等，既表示墓主人生前所享有

秦始皇陵远景

的仪表，又有守卫陵墓的象征意义。汉朝名将霍去病墓前的石雕就是一个例证。到了隋唐，封建帝王更加重视陵墓的建造。唐代帝王陵墓的特点是追求陵体的高大和陵区的气势。唐太宗不满足于挖地堆土为陵，开创了开山为陵的先例。唐高宗选择在西安附近的乾县梁山地区建造陵墓，并利用天然山势，加以人工设计而形成庞大的陵区，体现出封建帝王唯我独尊和一统天下的意志。宋朝统一中原后，曾一度规定：皇帝、皇后生前不许营建自己的陵墓，只能在死后建陵，而且要在 7 个月内建成安葬。这种规定加上经济条件的限制，使宋陵的规模明显比唐陵小，并多有雷同。北宋 9 个皇帝的陵墓都在今河南巩县境内，都采用平地起陵台的形式，四周筑墙，四面开门，墓道两边排列着石人、石兽。宋陵的规模虽小，但可以看出，前有墓道，后有寝殿，陵台在后，台下为墓穴，这种地上地下相结合的形式成为以后皇家陵墓的固定格式。

明朝建立后，1409 年，永乐皇帝朱棣登位后第一次回北京，就派人在北京附近寻找风水宝地，修建皇陵。明代皇陵在北京昌平县以北的天寿山南麓，天寿山是燕山山脉的支脉，北、东、西三面环山，形成一个南面开阔的小盆地。朱棣的长陵就坐落在盆地的北面山下，坐北面南。自朱棣以后的 12 代明代皇帝的陵墓都依次建在长陵的左右，形成一个庞大而壮丽的陵区，称为"明十三陵"。明陵的墓室都是挖地而建，上覆黄土为宝顶，并且都集中在一起，各座皇陵既独立又相互联系。13 座陵墓有一个总体规划，有一个总的入口，有一条共同的神道。

整个陵区约 80 平方公里，正门在南面，名为大红门。大红门的前面有一座高大的石牌坊，是陵区的标志。进入大红门，迎面是一座高大的碑亭，上刻明仁宗朱高炽的碑文。过碑亭就进入陵区的神道，神道两侧分列着 18 对石狮、骆驼、象、

明十三陵牌坊

麒麟、马、人等雕像，十分壮观。走过神道，迎面是一座棂星门，进门后经过两座石桥，地势逐渐升高，道路才分向各座皇陵。明十三陵中，只有定陵经过正规的发掘。定陵是明代第13位皇帝神宗朱翊钧和他的两个皇后的陵墓。定陵的建造历经6年时间，耗费白银800多万两，相当于万历年初全国两年的田赋收入，每天动用的军、工匠达3万余人。经过明末战争，定陵的地上建筑几乎被破坏殆尽，发掘主要从揭开定陵的地下宫殿开始。定陵的地宫埋在宝顶下27米深处，平面分为前、中、后殿及左右配殿共5个墓室，共1195平方米。各墓室之间都有通道及石门相连，地宫全部用石筑造，顶部用石发券，地面铺的是高质量的金砖。地宫的后殿是墓室的最大部分，中央放着神宗的棺椁，左右两边是两位皇后的棺椁，四周放有装满各种殉葬品的红漆木箱。在这些陪葬物中，最珍贵的是皇帝和皇后戴的金冠和凤冠，此外还有大量的玉器、瓷器、丝织品等。定陵地宫出土的文物共有3000多件，充分反映了我国古代工匠的高超技艺。

　　清朝有清东陵和清西陵两片陵区。关于清东陵，相传清代入关的第一位皇帝顺治有一次出外狩猎，出京城奔赴东郊的燕山。上到凤台岭的山头，他站在山巅极目四望，发现这一带山峦重叠，气势壮丽。于是他下马选择了一块向阳之地，向苍天祷告，随即取下手上佩戴的白玉板指向山坡下扔去，对着周围大臣宣告："此山五气葱郁，可为朕寿宫。"并说板指落地处即为墓穴。当即打桩立标，后来就在这里兴建了清东陵的第一座皇陵。此后，顺治皇后的孝东陵、康熙的景陵在此相继建成，形成一个陵区，称为清东陵。到雍正皇帝时，本已在东陵开始建陵，但他在河北易县永宁山太平峪一带寻得一块宝地后，遂打破了"子随父葬，祖辈衍继"的制度，开辟了清代的另一陵区，称为清西陵。

　　到乾隆皇帝时，本应随父亲在西陵建墓，但乾隆考虑到子孙后代都如此效法

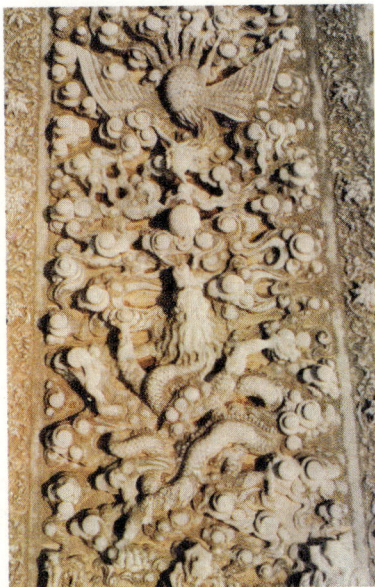

清东陵慈禧太后陵稜恩殿御路石雕

清东陵裕陵地宫青石门石雕

葬在西陵，则东陵势必冷落荒芜，所以决定自己的陵墓建在东陵，并为此立下规矩：他的儿子应在西陵建陵，孙子应在东陵建陵，这样陵虽分东西，但一脉相承，形成父在东陵、子在西陵的分葬格局。这个规矩传到乾隆的孙子道光皇帝时就遭到了破坏，本来他应葬在东陵，并花了7年工夫已建成陵墓，但他硬以地宫浸水为由，将陵拆迁到西陵。到了同治皇帝，按次序应葬西陵，但当时垂帘听政的慈禧硬下令把她儿子的墓改在东陵，随他的父亲而葬。这样，祖宗的规矩也就不成为规矩了。

清代朝廷规定：皇后死于皇帝之前则随皇帝同葬于帝陵，所以不少帝陵建好后是皇后先葬进去的；如果皇后死于皇帝之后，则在帝陵附近另建皇后陵，其规模要小于皇陵。但慈禧太后两朝听政，大权在握，自然不甘心于小小的后陵，所以重建了自己的陵墓。慈禧太后的陵墓建造了整整14年，直到她死时才完工，成为清陵中最讲究的一座陵墓。慈禧太后陵由稜恩殿和左右配殿组成，大殿的梁柱和门窗全部用名贵的黄花梨木和楠木制成，木梁柱全部用金粉绘制龙、凤、云、寿等图案。在3座殿的里外彩画中，有2400条金色的龙。在殿墙上镶有30块大小不等的带有"五蝠捧寿"和"万字不到头"图案的雕花砖，象征着福、寿与吉祥。在殿的台基栏杆上雕着龙凤的纹样，凤飞翔在天，龙追随其后。在栏杆的柱头，全部都有凤凰穿云的雕刻。这种凤在上、龙在下的雕饰明显区别于其他的皇后陵，反映了这位皇太后凌驾于皇帝之上的权力。

四、古代交通地图和交通管理

地图是水陆交通的指南。因交通与管理、战争紧密相连，古代地图更多地被应用于行政管理和战争中。我国地图产生较早，关于地图的起源有"史皇作图"之说。史皇是黄帝之臣，传说在黄帝与蚩尤的战争中，史皇画地图帮助黄帝最终将蚩尤擒杀于冀州之野。这里的地图可能是军事地图。战国时期法家尸佼的《尸子》则记载了"河精献图"的故事。相传大禹治水时，一天，忽然看见一个人面鱼身的人在河中出现，交给禹一幅河图。禹据此图勘察地形，标定高低，采取疏导的办法因势利导，从而治水成功。这是最早关于河图的记载。司马迁的《史记》具体记述了禹为整治洪水，带领民工到各地立木为标，测定山河地势，并随

河北省平山县战国时期中山国王墓出土的《兆域图》，此图描绘了中山国王的陵园总貌。这是中国目前所见最古老且有明确方向和比例的铜板金银镶嵌地图。

身携带准、绳、规、矩等测绘工具，按春、夏、秋、冬不同季节开辟九州土地，疏通河道。这反映了当时人们已会应用准、绳、规、矩等测量工具。西周初年周公营建洛邑时，曾绘出洛邑城址附近的地形图。

春秋战国时期，频繁的战争促进了军事地图的长足发展。军事家们著书立说，《管子·地图篇》是古代兵书中对地图记载最详细的一篇，并对地图与战争的关系

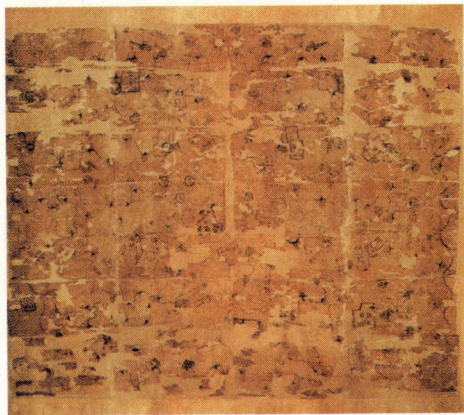

湖南省长沙马王堆汉墓出土的《驻军图》。图中注明了军队驻地、居民户数和村庄之间的距离等。

湖南省长沙马王堆汉墓出土的《地形图》。地图的主要区域为当时长沙诸侯国的南部，图中标有山脉、河流、城镇、道路等。

进行了深入的研究："凡兵主者，必先审知地图，辕辕之险，滥车之水，名山、通谷、经川、陵陆、丘阜之所在，苴草、林木、蒲苇之所茂，道里之远近，城郭之大小，名邑、废邑、困殖之地，必尽知之，地形之出入相错者，尽藏之。然后可以行军袭邑，举错之先后，不失地利。此地图之常也。"由此可知，当时地图上绘有山川河流、险阻关隘、地貌植被、路程远近、城郭和居民点等地理要素，军事指挥员依此才能制订行军作战方案。因地图的重要，当时的献图表示有割让土地或归服之意。战国时燕太子丹派荆轲刺秦王，荆轲就是拿着燕国的地图献给秦王以取得信任，地图中藏着匕首，在秦王面前，图穷而匕现，结果荆轲刺秦失败。此外，1975年考古工作者在河北省平山县出土了战国时期中山国王的《兆域图》（即墓葬地图）。中山国王《兆域图》的发现在中国地图史上有着重要的意义，它是我国最早的一幅平面建筑实物图，图上各建筑物相应位置的规划是按一定比例尺绘制的，这表明当时已应用比例尺。

　　秦汉以后，地图的使用更为普遍。汉朝建立了各郡国按时向皇帝奏献地图的礼仪制度，地图上详细列有田赋、户口、疆界、行政、车乘等内容。1973年，长沙马王堆汉墓出土了西汉初年的3幅地图：《地形图》、《驻军图》和《城邑图》。图中对山河地貌、道路交通和居民点的绘制准确而科学，其中比例尺、闭合线和色彩等许多绘制方法沿用至今，这表明古代的绘图技术已相当成熟。马王堆汉墓地

《九州总图》

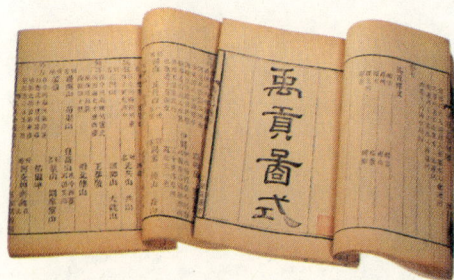

《禹贡地域图》书影。《禹贡地域图》把全国分为九州，分别叙述了各州的地理概况，并附有地图。

图的出土是我国地图学史上的一件大事，它是目前世界上最早的实测地图，充分展示了秦汉时期地图学科的发展及地图测绘技术的高超水平。

三国魏晋时期初步创立了制图理论。晋朝地图学家裴秀在总结前人经验的基础上，结合自己的实践，提出了制图的六个原则，即"制图六体"。"制图六体"具体是比例尺、方向、道路的里程、地面起伏、道路河流方向的偏斜以及山川道路的曲折。这六个原则归纳起来就是现代地图学所用的比例尺、方向和距离。裴秀提出的中国早期制图理论，在中国地图学史上具有划时代的意义。它奠定了我国传统地图学的理论基础，使中国古代地图学建立在科学基础之上，推动了地图学的发展，裴秀堪称中国传统地图学的奠基人。在"制图六体"理论的指导下，裴秀率人编绘成著名的《禹贡地域图》和《方丈图》。《禹贡地域图》是一部以历史区域沿革为主体的地图集，全书共18幅图，以"古代九州"和"今之十六州"为地图的主体，其中包括区域界线、郡国县邑、古国盟会地点、道路山川的变迁过程等。《禹贡地域图》是迄今世界上见于文字记载的最古老的地图集。

《长安城图》(残片)。宋朝刘景阳等根据长安城实测绘制的刻碑，后碑图毁佚，这是清代出土的残片。该图虽已残佚，但它仍是我国现存年代较早而又较精确的一幅城市图。

明代《黄河运河全图》的局部

　　唐宋以后，地图的绘制更加精确而普及。这时期，地图种类多、数量大，除全国一统图、外域图、边防图外，凡山川、河流、水利、交通、邮驿、城市、都会等皆有图。其中著名的有唐代贾耽的《海内华夷图》、裴矩的《西域图记》以及北宋沈括的《守令图》。这时期，绘图的质地不仅有纸和帛，还有能永久保持质地的平面石刻图，如至今保存在西安碑林的宋朝的《华夷图》《禹迹图》，现存苏州博物馆的石刻宋图《地理图》和《平江图》。这些地图对山脉、水系、城邑、陆路及海岸线等都有明确的标识，尤其是《禹迹图》，小巧而精密的绘图技术大大超过同时代欧洲的《寰宇图》。对此，西方地图学家鲁伊斯感叹说：在1550年问世的埃斯科里亚地图以前，欧洲根本没有任何一种地图可与《禹迹图》相媲美！

　　用于交通指南的地图，宋代开始流行，元、明以后则广泛应用。据南宋文献记载："驿站有白塔桥，印卖《朝京里程图》，士大夫往临安必买以披阅。"由于这幅《朝京里程图》只以临安为中心，标识了各地通往临安的路线、里程和驿亭，而没有绘沦陷的中原地区，故有人题壁嘲讽："白塔桥边卖地经，长亭短驿甚分明。如何只说临安路，不数中原有几程。"元代地理学迅速发展，出现了杰出的地理学家朱思本，他积10年之功呕心沥血而编成地图集《舆地图》两卷。《舆地图》采用"计里画方"，资料收集广泛，图形轮廓准确，是元、明、清初绘制全国总图的范本，在中国地图学史上占有重要地位。朱思本也是继裴秀、贾耽等人之后，在我国地图学史上又一划时代的人物。

　　明清之后，随着地理学的进一步发展，地图的绘制也越来越多，应用也越来越广。明代郑若曾编辑的《筹海图编》，详细绘制了沿海军事布防、战船武器等。明代罗洪先将朱思本的《舆地图》增改而成《广舆图》，增加了漕河、海运、朔漠、

利玛窦像

《坤舆万国全图》之一。意大利人利玛窦于明万历三十年绘制的世界地图。

西域等，并新创了24种图例符号，是地图绘制史上的一大进步，《广舆图》也因此广泛流传，翻刻达6次之多。明代地图中引人注目的是《郑和航海图》，这是郑和及其助手依据多次出使西洋所获得的有关海域与陆地的地理知识绘制而成的图集。它采用形象的"对景图"画法，即把山形、航道等具有方位意义的地物按其特征形象地绘制在图上，一目了然，这是中国地图学史上的一大创举。全图包括亚非两洲，共收500余个地名，是中国古代记载亚非两洲地名最为丰富的一幅地图，也是世界地图史上的珍宝。

明末清初，西方技术的传入对中国地图产生了深远影响。明末，意大利人利玛窦来到中国后，一方面用投影法经纬度改绘中国传统地图，另一方面利用中国和西方的地图资料编绘世界地图《坤舆万国全图》。利玛窦绘制的世界地图与今天实测世界地图相比还有一定的差距，但它第一次采用经纬度、南北半球、五大洲、大洋、温度带等，吸收了欧洲地理新发现的成果，大大开阔了中国人的视野。利玛窦为中国地图绘制由传统走向近代起了不可磨灭的作用。清代官修的《大清一统志》，参考各家地图，每省都有图样，内容丰富，考订精详。直到现代地图出现以前，中国人一般均用《大清一统志》。后来，康熙帝在总结中外地图成果的基础上，完成了我国第一部实测地图《皇舆全览图》，其内容的精确和丰富在世界地图史上堪称奇迹。

值得一提的是，中国古代不仅道路发达，交通工具先进，交通地图精确而完

记里鼓车。与记录里程的"堠"相似，这辆复原后的记里鼓车，用以丈量土地尺寸。

备，而且道路管理也比较规范。为保证道路的畅通和礼法的需要，中国古代有一套较为严密的规章制度。早在周朝就开始重视公路管理，据《周礼》记载，当时公路管理的内容主要有：规定由"野庐氏"负责道路交通的管理，掌管京城通往四郊及各城镇之间的交通干线，并兼管道路沿途所设置的馆舍、水井及公路两旁的树木；如果有重要的国宾来临，管理道路的地方官又叫"守涂之人"，要实行戒严，严惩肇事者；无论是陆路还是水路，来往车辆和船只必须按照一定的顺序依次行驶；如果有持节的使者和有爵位的官员途经某路，"守涂之

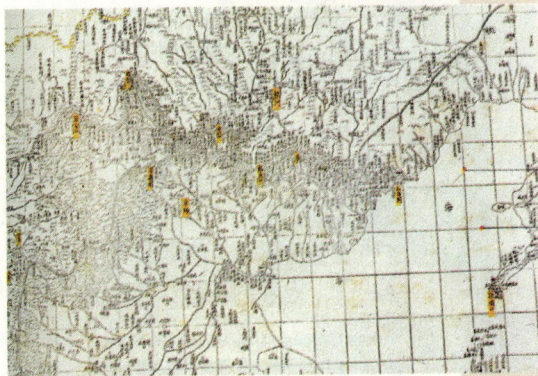

清朝《皇舆全览图》中的河北部分

人"必须为他们扫除障碍，并使道路沿线的四野行人和车辆暂停通过；如果遇到国家有重大活动或修缮某条道路，则要发布禁止通行的通告并严格执行命令；各地遇有重大活动，要把本地的道路打扫干净，同时对道路两旁的市场、建筑物、车辆等进行整顿。可见，周王朝的道路交通管理规章已比较完备了。除此之外，周朝还在各地关防津要设有官吏，其主要职责是：检查路上商人的货物运输；征收税金；遇重大变故时在道路上设置藩塞，阻隔行人，只许持节者通过。

　　秦朝统一中国后，严峻法治，对道路和关防的管理十分严格。秦律规定，各诸侯国的游士只要持允许通行的符契，便可以在秦地居留，而久居秦地的秦人则严禁出国。为了行人的方便，当时还采取以"堠"来分程计里的方式。堠是记录里程的土堆，五里一单堠，十里一双堠，通称为"里堠"和"封堠"。因为土堆容易被风雨侵蚀毁坏，有的道路就在里堠处植树为记。后来逐渐演变，唐朝以后流

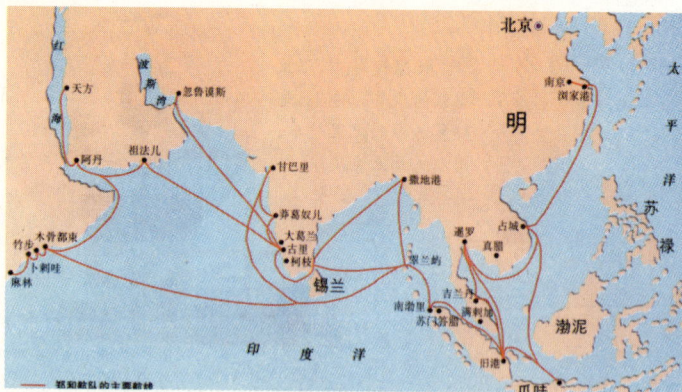

郑和下西洋路线图。郑和7次远洋航行，前3次船只到达印度半岛西南海岸，后4次远及波斯和非洲。

行以植树的办法代替土堠。这不但节省了修复土堠的人力、物力，而且有助于美化环境和供行人纳凉。唐代诗人韩愈的《路旁堠》描写了路旁的分别之情：

堆堆路旁堠，一双复一只。

迎我出秦关，送我入楚泽。

中国古代有严格的交通法规。据《周礼》所记，平民百姓在有爵者通过时，必须避禁，要暂时躲靠到路边。可见，周朝行路实行避让或回避制度。到了唐朝，交通法规更加完备，唐律规定：全国各个城市，一律不准闲杂人等无故在街市上驾马车行驶或骑马穿越，违者笞五十；凡因事而以车马行走者，发生交通肇事，按照斗殴致人死伤的刑律罪减一等处理；如果确因公事或要事而必须快速行走者，发生事故可不论罪。宋代的交通规则更明确规定："贱避贵，少避长，轻避重，去避来。"

古代交通法规还注重对路人的盘查。自周、秦以来，游士或商人远行遇有水陆关津时皆需验明通行证件。这种表明身份的证件称为"过所"。到了汉、唐，对行人的盘查更加严格。唐律规定：没有过所而擅越关津者，要判刑；把过所借给别人或冒名顶替出关者，双方都得判刑；官吏如果把过所发给不应发的人，要受到严厉的处罚；不得携带禁品私渡关津。唐代诗人元结的《欸乃曲》就描写了春夜乘舟在湘江上行驶，船过平阳戍（在衡阳以南）时守吏查问的情景：

湘江二月春水平，满月和风宜夜行。

唱桡欲过平阳戍，守吏相呼问姓名。

值得注意的是，到了明朝，中国的陆路交通基本维持在元朝的水平，某些方面还有所萎缩。海上航运则由盛转衰。"盛"是指明初大力发展海外交往，重视海外贸易，郑和七次下西洋标志着中国古代海运达到了极盛。郑和原来姓马，回族，祖籍云南。他11岁进宫成为一名太监。后来在朱棣发动的兵变中，他的机敏和才干为朱棣所赏识，朱棣亲自赐其姓"郑"，小名三保。从1405年起，在长达近30年的时间里，郑和先后7次出使西洋。每次随同船只60～200艘不等，最多船队随行人员达2.7万多人，其中航行最远的第五次，他们穿过马六甲海峡，先后到达亚丁、锡兰和非洲的肯尼亚等国。郑和病故于第七次远航回国途中，他的遗体由随船官兵运载回国，隆重葬于南京中华门外牛首山下。郑和七次下西洋，遍访亚非三四十个国家，这在世界航海史上是绝无仅有的。郑和的出访促进了中外交往，加强了中外联系，许多国家争相派使节来华，有的甚至国王亲自来访，其中尼泊尔、苏禄、锡兰等6个国家的8位国王9次亲自来访。郑和的出访也扩大了明朝的影响，至今一些国家和地区仍保存着纪念郑和的文物和古迹，

印尼爪哇岛的三宝庙。爪哇岛三宝垄市是郑和下西洋时几度拜访之地，三宝庙是当地华侨和印尼人为了纪念郑和而修建的。

如在印尼爪哇有三宝（保）垄、三宝（保）庙等，泰国有三宝（保）寺等。明朝郑和下西洋的壮举，标志着我国海上丝绸之路发展到了顶峰。

郑和墓，位于南京牛首山。

163

第九章　满汉交杂，浮靡奢侈

1644年，在明末农民起义的炮声中，明崇祯皇帝吊死于煤山。不久，满族统治者入主北京，建立了以汉族为主体、满族为统治民族的多民族国家。清朝是中国历史上最后一个封建王朝，根据其社会性质，可分为前、后两个时期。从清朝建立到鸦片战争爆发为清朝前期，这也是清朝从建立、发展，走向鼎盛，并渐趋衰落的时期。清朝前期，统治阶级在发展经济、实行专制主义统治的同时，还通过强制措施推行满族风俗。由此，清代前期的衣食住行风俗呈现出政治制俗、满汉融会的特点。

一、辫子民族和小脚的姊妹群

由满族贵族统治的大清帝国，是中国历史上最后一个封建王朝，也是封建的、统一的多民族国家最后确立的时期。满族统治者入主中原后，在吸收汉族传统服饰制度长处的同时，更注重对本民族服饰特色的保留。剃发留辫是满族男子的习俗，即将脑门和两鬓的头发剃光，把脑后的头发编成辫子。为加强对民众的威慑与征服，清统治者一开始就用残暴的政治手段强令汉人按照满俗"剃发易服"，致使延续了两千多年的汉人服饰传统发生了急剧而重大的变化，从而客观上为中国古代服饰的多样化增添了新的内容。

满族统治者夺取全国政权后，为彻底消除明王朝的统治阴影，树立大清满族政权的权威，于1645年向全国颁布《严行剃发谕》，规定："自今布告之后，京城限旬日，直隶各省地方自部文到日亦旬日，尽行剃发……（若谁）仍存明制，不随本朝之制度者，杀无赦。""剃头令"向全国发布之后，顿时激起汉族人的强烈不满，有人因反抗而被杀。这就是清初统治者强制推行的"留头不留发，留发不

康熙皇帝像

乾隆皇帝像

留头"的血腥政策。在
清政府的强令下，清代
男子梳起了一色的长
辫，以致后来的洋人形
象地将清人描述为"辫
子民族"。与剃头政策
一样的"易服"法令，在
推行中同样残酷无情。
统治者布告天下必须严格遵守易服，否则，即使在自己家中穿明式汉装或与他人
议论恢复汉人衣冠，一旦被人发现，则必死无疑。由此而死于清廷屠刀之下的汉
人，在当时确实不在少数。

　　在推行剃发易服政策的同时，清统治者为缓和民族矛盾，在具体执行中，被
迫做出某些让步，接受明代遗臣金之俊的"十不从"建议。所谓"十不从"建议，
就是对那些与统治政策的推行不直接抵触的风俗衣装适当放松，可以按照明代习
俗，沿其旧制。"十不从"的具体内容是："男从女不从，生从死不从，阳从阴不
从，官从隶不从，老从少不从，儒从而释道不从，娼从而优伶不从，仕宦从而婚
姻不从，国号从而官号不从，役税从而语言文字不从。"至此，清代统治者推行的
剃发易服法令，在全国范围内得以基本实现。此后不久，清廷根据满族和汉族的
服饰特色，对服饰又做了具体的规定。

　　清代官服制度的繁杂程度，在很多方面超过了以往的任何朝代，服饰"分尊
卑，别贵贱，严内外，辨亲疏"的作用更加突出。在清代各种官服中，顶戴花翎
是区分官吏等级地位的重要标志。清代官员的冠按季节的不同，可分为两类：冬
天戴的叫暖帽，夏天戴的叫凉帽。从暖帽和凉帽上来区分等级的共同标志是顶饰，
又叫"顶戴"或"顶子"。顶饰按其质料，从东珠、红宝石、珊瑚、蓝宝石、青金

清代穿官服的关天培像

石、水晶、素金等的不同来分辨官位的品级。花翎也是清代官服冠帽上用以区分等级的标志。所谓花翎，指的是冠帽后面拖着的一根孔雀羽毛。一定品级的官员所用花翎上面有"眼"，眼即是孔雀羽毛尾端的花圆眼形图斑，翎眼有单眼、双眼及三眼之分，以眼多者为贵。

　　清代官服仍以袍服为主，但与传统的袍服在形制上有很大不同，具有浓郁的民族特色。由于满族骑射的传统，清代袍服设计得很合体，特别是袖子颇为窄瘦，袖端形状像马蹄，后人常称之为"马蹄袖衣"。平时将马蹄部分袖头折于手腕之上，行礼时则将其放下，表示谦恭、顺服，礼毕复折。遇有比武、射猎等野外活动时，骑在马上，手持弓箭，马蹄袖既可保暖又可护手，所以满族人又称这种传统礼袍为"箭衣"。箭衣下摆部位开有很高的衩，以方便骑马者上下马。清代袍服在官服中依照穿者的不同

清代武官一品官服上的麒麟图案

清代文官一品官服上的仙鹤图案

戴暖帽、穿马褂的清代男子。

等级和用途，可分为龙袍、蟒袍、朝服袍、常服袍及行袍等不同类别。较之元、明时期，清代龙袍上的龙纹图案不仅数量多，而且形象增大，在日常生活中龙与王的关系更加密切，几乎达到了龙与帝王皆为一体的程度。

褂，本是满族人的一种传统民族服装，类似于宋、明时期的衫或袄。在穿着方式上，褂与宋、明的衫袄等不同，它不是穿在袍的里边，而多被当作礼服直接穿在外面。清代的褂，根据不同形式和使用对象，可分为龙褂、补褂、常服褂、行褂和黄马褂等。补褂又称补服，是清代官员用以区分等级品位的官服之一，也是清代官服系列中直接承袭明代官服形式的服饰之一。补褂的前胸和后背为补子图案，图案内容与明代差不多，即文官用飞禽，武官用猛兽。行褂是官员出行时所穿的衣装，也叫"马褂"。具体形制为圆领对襟、平袖，袖长过肘，长度以到穿者臀部为宜。清廷对行褂的色彩有明确规定：皇帝与一般品官的行褂用石青色，领班卫内大臣等的行褂用明黄色，八

穿中国服装的西洋夫妇　穿长袍和单梁布鞋的清代男子

167

着短衣短裤的平民

旗正旗副都统的行褂可按所在旗的旗帜色彩穿着。黄马褂与清代的普通马褂不同，它既不是正式官服，也不是可随意穿用的衣装，而是一种特殊的"贵"装。在清代，黄马褂一是被当作皇帝对有功人员的一种赏赐；二是皇帝出行时，御驾周围的护卫穿起黄马褂，表示圣驾位置的一种标志。能被准许穿黄马褂是为官者的一种荣耀，通常能穿黄马褂者寥寥可数。

清代民间一般男子的服饰也以满族的袍褂为主，但在装饰和穿着上远没有官服那样复杂和讲究。民间男子的袍服很少开衩，有马蹄袖，也有平袖，实际上与明代的衫差不多。民间的褂也称马褂，形制多样，有长袖，有短袖；有宽袖式，也有窄袖式；衣襟有对襟、大襟等。一般有身份的人才穿马褂。马甲，亦称背心或坎肩，是男子日常服饰之一。其襟式有大襟、对襟、曲襟和一字襟等。起初马甲只是一种保暖的内衣，后来被直接穿在袍服的外面，久而久之，便成了外衣的一种。经过近两千年的演变和发展，清代的裤子从外形到方便程度都较以前更加成熟。其形制大致有两种：一是有裆和腰的裤子，一是无裆的套裤。

清代平民首服中，各种巾比较少见，最流行的是瓜皮帽、毡帽及小儿戴的狗头帽。瓜皮帽实际上是明代曾盛行的六合统一帽，其形制从明至清基本没有变化，只是做工和用料更为讲究。到清后期，瓜皮帽多为贵族士绅戴用。毡帽也是中下层劳动者的常帽。其形式为圆形，自两鬓处向后加长，冷时可作为护耳，暖时则

梳旗髻、穿旗袍的慈安太后。

穿礼服的清代皇后

戴耳坠、朝冠、朝珠，
穿朝服的清代妇女。

将其折起，在帽的前面还有一能卷起的舌状毡头，起遮阳或护鼻之用。狗头帽是一种用丝棉或皮毛搭配制成的儿童帽，因其造型模仿小狗的头，故得名。总之，清代的首服比起明代来，在种类上要少得多，这可能与易服有关。

由于清政府在清初推行易服之令时，有"男从女不从"的规定，从而使明代妇女的服饰风格得以完整地保留下来。也正因为此，使得清代妇女的服饰形成满汉两种体系。其中最有特色的当属满族妇女的服装。

清代满族妇女的官服亦分朝服、吉服、常服等系列，同样依照穿者的不同身份等级，分别设有龙蟒图案以及领约、霞帔等饰物。但总起来看，清代满族妇女的服装也以袍褂为主，但大多为平袖式，袍袖和袍襟等处施边缘饰是妇女袍服的特色之一。边缘饰多选用精美耐磨的锦、罗等材料，并常饰以漂亮的图案。妇女袍服多数有领，在清初时流行低领，后慢慢增高，至清末时已高达两寸。清初的袍服经过不断发展与完善，到清末，袍袖和袍身已变得比较窄瘦，袖也缩短了一些，同时下摆亦收敛了不少。这时的袍装已初步形成了民国时期广为流行的旗袍

梳钵盂头的妃嫔

样式了。满族妇女在穿袍服时，都喜欢在脖领处围一条浅色长条围巾，这种旗袍加围巾的"套装"一直沿用到民国时期。

满族妇女的发饰造型颇为独特，最著名的是一种叫"两把头"的发髻。两把头又称"一"字头，其髻形是在头的顶部将头发梳成左右两个髻，其间再用一种架子担起，呈"一"字形，所以有人又称这种发髻为"架子头"。清初，两把头的架式还比较小，后来逐渐加大，到光绪年间，架式的高度已到极限，犹如"牌楼"。两把头由原来简朴的头髻形式，已发展成为一种象征身份、地位的纯装饰性的假髻了。

满族妇女穿的鞋很别致，是一种特殊的"高跟鞋"。它的特殊之处在于其"高跟"不在鞋后跟处，而是在鞋的正中央。高跟一般为木质，用细布包饰，高度在1～2寸。鞋跟的整体较为敦实，呈上宽下圆状，形似花盆，跟底的木心做成马蹄形，踏地时印有马蹄痕。这种鞋的鞋帮，一般用各种彩线在鞋帮上绣出不同类型的花草和小动物图案。

清代缎地绣花斗篷

清代彩绘镶宽边旗袍

清代比甲

清代凤尾裙

晚清刺绣对襟女褂

清代高底鞋

　　清代汉族妇女的衣装仍沿袭明代的传统，上身多穿各式长衫或花袄，下身仍穿各式裙子。到清末，妇女开始流行穿裤子。清代汉族妇女衣装最突出的特色是"镶绲"，加绲饰主要在衣领、衣袖、衣襟以及裤腿等处。到光绪年间，女装所加绲饰已不是一两道、两三道，有的甚至加到十余道，所以对这种衣饰，在当时有"十八镶"之说。这时期，裙装仍是汉族妇女的传统服饰之一，清初妇女的裙主要有马面裙、月华裙、弹墨裙、凤尾裙等式样。清末，随着西方商品的涌入，在民间，妇女开始穿各种洋布制成的"洋印裙"。

　　无论满族、汉族，清代妇女服饰最大的特色是因小脚盛行而导致的弓鞋普及。清朝一统江山之后，在中原文化的影响下，八旗贵族的审美观发生了很大变化。汉族妇女的"三寸金莲"也很快被满族皇族所欣赏。在这种形势下，原本生就一对天足并与男人一起游牧的满族妇女，纷纷效法汉族妇女进行缠足。康熙帝曾制定

戴耳坠、手镯，穿镶边衣服的清代妇女

披云肩的清代妇女

戴卧兔的清代妇女

太平天国官
吏夫人的服饰

法令禁止妇女裹足，但后来在汉族官僚的反对下，康熙帝的禁止缠足令流产，妇女缠足之风日渐蔓延。在封建、变态的审美观中，许多人一味追求小脚的瘦小，似乎妇女的小脚越瘦小就越精致美艳。文人骚客也对女人的小脚有极大的兴趣，津津乐道于小脚之美。小脚被冠以"金莲"、"新月"、"玉笋"、"凤尖"等种种香艳名称。"玉笋纤纤嫩，金莲步步娇"、"金莲窄小不堪行，自倚东风玉阶立"、"销魂最是双莲瓣，风展蜻蜓立不牢"等赞美小脚的词句充溢于诗文之间，令人目不暇接。清代有一位小脚迷方绚，居然为小脚写了一本专著《香莲品藻》。书中将小脚分成5种18式，字里行间充满了对小脚的癖好和色情意味。清初戏曲理论家李渔竟然也研究小脚，认为小脚要瘦，要柔，"瘦欲无形，越看越生怜惜，此用之在日者也；柔若无骨，愈亲愈耐抚摩，此

反缠足在社会新派人物中已有一定影响

清末民初的小脚女人

用之在夜者也"。在此社会环境下，清朝妇女成了清一色的"小脚姊妹群"。

二、从红楼饮馔到满汉全席

明清时期，传统饮食文化发展到了顶峰，皇族显贵们更是大肆挥霍，纵情享乐。据文献记载，明太祖朱元璋曾命工部在京城建15座大酒楼，分别取名鹤鸣、醉仙、讴歌、鼓腹等，并且赐钱给文武百官让其到酒楼享乐。明英宗更加腐败，他9岁继位后，一人所用的"膳食器皿三十万七千有奇，南工部造金龙凤白瓷诸器，饶州造朱红膳盒诸器"。他每年吃的鸡、鹅、羊、猪肉费钱三四万，果品就达63.4万多公斤。明仁宗朱高炽时，宫中的厨役算是较少的，但也有6300多人；到宪宗时，达8000人之多。

清朝是中国历史上最后一个封建王朝，帝后的膳食集历朝陈规，花样之繁多、

清平定西域后的《紫光凯宴图》

故宫珍藏的清宫用碗

机构之庞大、厨役之众多，都是空前绝后的。清代宫中膳食的管理机构主要为内务府和光禄寺，实际上直接掌管宫廷膳食的则是御茶膳房。御茶膳房设管理大臣若干人，分茶房、清茶房和膳房三部，膳房下设荤局、素局、点心局、饭局、挂炉局和司房局等，专门承制帝后和妃嫔们的日常膳食。内务府和光禄寺主要承办皇后妃嫔的生日寿诞、皇子皇孙的订婚成婚以及其他宗室筵席。每次宴会礼乐奏鸣，珍馐玉馔不计其数。就是皇宫中的家常便饭也极为讲究。从清朝女官德龄所记述的慈禧太后吃"菊花火锅"的制法、食法及场面便可见一斑：第一步，先把那一种名唤雪球的白菊花采下一两朵来，把花瓣一起摘下来，拣出那些焦黄的或沾有污垢的几瓣丢掉，再将留下的浸在温水里漂洗一二十分钟，然后取出，放在已溶有稀矾的温水内漂洗，末了便把它们捞起，安在竹篮里漉净。第二步，当然是煮食开始了。吃的时候，先由膳房里端出一个银制的小暖锅来。锅里已盛着大半锅原汁鸡汤或肉汤，锅上的盖子非常合缝，使热气和鲜香味不易溢出。另配几个浅浅的小碟子，里面装有去掉皮骨、切得很薄的生鱼片或生鸡片，外加少许酱醋。第三步，将暖锅上的盖子揭起来，擎在手里候着。太后亲自捡起几许鱼片或肉片投入汤内，然后忙将盖子盖上。等约五六分钟，复将盖子揭起，投入适量的菊花瓣，仍将盖子盖上。再候五分钟，便可以吃了。鱼片在鸡汤里烫后的滋味，本来已是够鲜的了，再加上菊花所透出来的那股清香，便觉得分外可口；而菊花本身是没什么味的，经鸡汤和鱼片一渲染，便也很鲜美了。

清代曹雪芹所著的长篇小说《红楼梦》，更是以大量的笔墨具体地描写了贾府的饮食生活，充分反映了清代钟鸣鼎食之家的饮馔。贾府丰盛的饮馔大体包括粥饭、点心、菜肴、饮料等几方面。《红楼梦》中提到的粥饭有碧粳粥、枣熬粳米粥、红稻米粥、燕窝粥、腊八粥、鸭子肉粥、江米粥、白粳米饭等。贾府所用的点心

从北京仿膳饭庄制作的清御膳席中，人们能感受到昔日皇家的特殊待遇。

有糖蒸酥酪、奶油松瓤卷酥、莲叶羹、枣泥山药糕、菊花壳儿、如意糕、菱粉糕、鸡油卷儿、螃蟹小饺等等。贾府的菜肴主要有糟鹅掌、腌胭脂鹅脯、野鸡爪子、酒酿蒸鸭子、火腿炖肘子、炸鹌鹑等等。

书中对许多菜肴的做法、食法做了详细的介绍。如刘姥姥二进荣国府时有幸成为上客，在招待她的馔品中有一款名为"茄鲞"。刘姥姥尝了尝这"茄鲞"说："虽有一点茄子香，只是还不像是茄子。"她请凤姐教她烹法，说也要回去弄着吃。凤姐听了，煞有介事地说："你把才下来的茄子，把皮刨了，只要净肉，切成碎丁子，用鸡油炸了。再用鸡肉脯子合香菌、新笋、蘑菇、五香豆腐干子、各色干果子，都切成丁儿，拿鸡汤煨干了，拿香油一收，外加糟油一亲，盛在瓷罐子里封严了。要吃的时候儿，拿出来用炒的鸡瓜子一拌，就是了。"这么一折腾，茄子的身价确乎抬高了，但茄子的本味还有几何可就难说了。书中写到贾府"爽秋赏桂花吃螃蟹"：螃蟹放到笼中蒸熟，先拿出来一些，吃完再拿，怕凉了失味。丫头们取来菊花叶和桂花蕊熏的绿豆粉，预备洗手用，以除去蟹腥。吃蟹肉要蘸姜醋，饮黄酒。黛玉饮的是合欢花浸的烧酒，与众不同。席间，黛玉、宝玉、宝钗吟螃蟹诗比高低。贾府的这顿螃蟹宴，共吃掉螃蟹七八十斤。正巧又来了刘姥姥，她约莫估计花了二十两银子，于是感叹地说："阿弥陀佛！这一顿的钱够我们庄稼人过一年了。"

《红楼梦》提到的饮料以茶为主，此外还有惠泉酒、绍兴酒、屠苏酒、酸梅汤等。从书中看到，饮酒前先要吃果品饮茶；吃完饭要用茶漱口，然后换杯饮茶；来了客人，先要敬上一杯热茶。对于品茶，妙玉说："一杯为品，二杯即是解渴的蠢物，三杯便是饮牛饮骡了。"此话道出了茶中奥秘。每逢年节，贾府边吃酒、边游戏。吃酒讲究意境，或中秋月圆摆桌于花园中，或大雪纷飞陈桌于暖室内。游戏有击鼓传梅，鼓停梅枝住，谁执花枝就要罚酒。喝足了酒，放烟火爆竹。夜深，饿了就吃鸭子肉粥、枣儿粳米粥、杏仁茶及各种精致小菜。

总之，《红楼梦》对清代官宦之家的饮食生活所进行的生动而具体的描述，是同时代的饮馔专论所不可比拟的。

清代，饮食内容更加丰富繁杂，其中最著名的菜肴当属满汉全席。满汉全席的形成有特定的历史原因。满族未入关前，多喜大荤大腥之物，不讲究精细烹调，并习惯于席地而坐、解刀进食的方式。满族入关后，在满汉杂处的过程中，在菜肴烹调、上菜程序、筵席礼仪等方面，满汉相互融合，形成了满汉全席。

满汉全席最初主要由满点和汉菜组成，后来逐渐演化，究竟有多少菜，众说不一。这里仅以乾嘉年间扬州时兴的满汉全席为例："第一份，头号五簋碗十件：燕窝鸡丝汤、海参烩猪筋、鲍鱼烩珍珠菜、鱼翅螃蟹羹等；第二份，二号五簋碗十件：鲫鱼舌烩熊掌、糟猩猩唇猪脑、假豹胎、梨片拌蒸果子狸、蒸鹿尾、野鸡片汤等；第三份，细白羹碗十件：猪肚、鸭舌羹、鸡笋粥、猪脑羹等；第四份，毛鱼盘二十件：哈尔巴子、挂炉走油鸡、猪杂什、白煮猪羊肉、白蒸小猪子、小羊子等；第五份，洋碟二十件、热吃劝酒二十味、小菜碟二十件、枯果十彻桌、鲜果十彻桌。"

这种筵席，可谓山珍海味，水陆杂陈。清中叶以后，达官显宦、豪绅巨贾，互比阔气，饮食争逐，促进了满汉全席的流行，而一般民间是无力问津的。但从烹饪文化的角度看，满汉全席又不能不说是中华民族烹饪园中的一朵奇葩。

三、登峰造极的居住文化

　　明、清遗留下来的保存基本完好的宫殿建筑是北京的紫禁城。紫禁城由明朝创建，清朝作局部的改建和扩建并继续使用。它不仅是中国硕果仅存的古代宫殿实例，而且也是世界上规模最大、保存最好的宫殿群落，是人类珍贵的文化遗产。

　　明成祖朱棣夺得帝位后，将都城由南京迁至北京，并命人规划北京城并建造皇宫。这时，对于都城的规划已经有了历代祖传的规矩，而且北京又有元代留下来的基础，这就是皇城居中、前朝后市、左祖右社的格局。1407年，明朝调集人力，开始大规模建造皇城。

　　宫殿建筑所需的木料取自浙江、江西、湖南一带。工匠们从产地伐木，将木料趁夏季发水期送入江河再转入长江，然后由运河运至北京。这个过程有的需要三四年之久。皇城用砖数量颇巨，据统计，整座皇城建筑用砖达8000万块之多，且主要宫殿的地面砖称为"金砖"。金砖的制作较为复杂：泥土要经过水泡、过滤，将泥土中的杂质除掉，澄下颗粒很细的土，制坯进窑烧成砖后，还要将砖面打磨

紫禁城午门

明清故宫

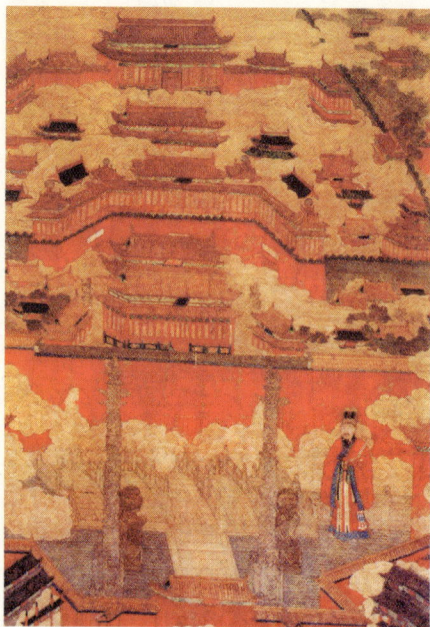

明蒯祥绘《北京宫城图》。这是明早期的北京皇城，依次把各城门及宫殿建筑展示了出来。

平整，用桐油涂抹。如此一来，砖不仅质地坚硬，表面有光泽，敲之还有金属声，故称为"金砖"。金砖最著名的产地在江苏苏州一带，这些砖多用船经运河运至北京。

在宫殿建筑中，石料的用量也很大。为了减少运输困难，尽量在北京附近的房山、曲阳等地取材。但石料的运输比木料和砖要困难得多，尤其是那些体积大、分量重的石块，如天安门前的石狮子、华表以及保和殿北面的御路石。御路石长16米，宽3.17米，重达200多吨，如何将如此重的石料从采石场运到紫禁城工地呢？聪明的工匠就在运输的沿途一路打井，趁冬天取出井水泼在路上结成冰，形成一条冰道，将大石料放在旱船上，沿着冰道用成千上万的人力拉到北京，再进行雕刻。宫殿建筑还需要大量的琉璃瓦，为了就近取材，在北京附近设了好几处烧制琉璃瓦的窑场，现在北京城内的琉璃厂和门头沟的琉璃渠就是当年的琉璃窑址。现在北京的大木仓胡同和鼓楼附近的方砖胡同，就是当年储存木料和方砖的仓库。大木仓当时面积有3000间房屋大，可见宫殿所用木料数量之多。

经过10年准备，诸事齐备后，明朝征用全国10万工匠、数十万民工开始了大规模的施工。整座紫禁城占地72万平方米，房屋共1000余幢9000余间，但只用了3年时间就全部完工。到1420年，一座金碧辉煌的紫禁城完整地出现在北京城的中心。清代保留了紫禁城的全貌，并加以完善，从而形成了今天的皇城。

紫禁城的规划继承了前代"前朝后寝"的制度，朝房安排在前，寝居安排在后。皇城的前面是人工开挖的金水河，金水桥两侧分别有两只石头狮子和两座高高的华表，象征着皇帝的威严。从皇城大门天安门进去，经过端门、午门、太和门后，就是建筑在8米多高台上的三大殿：太和殿、中和殿、保和殿。三大殿的

紫禁城后三宫：乾清宫、坤宁宫和交泰宫。

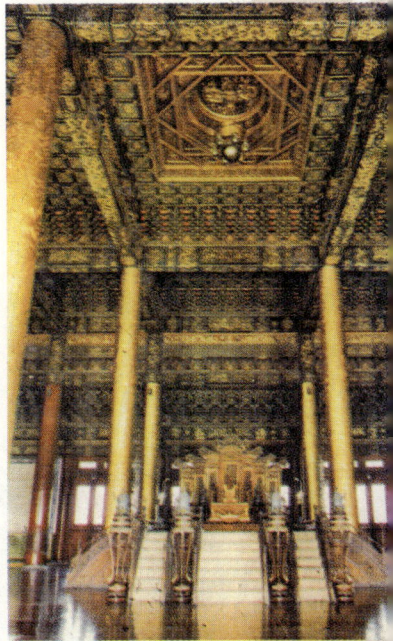

太和殿内景。太和殿又名"金銮殿"，是故宫最大的建筑，凡朝廷重大朝会典礼都在此举行。

主殿太和殿是明清皇帝每年元旦、冬至、皇帝生日及国家重大庆典时受百官朝贺之所。此殿俗称金銮殿，是古代皇权的象征。太和殿的屋顶、地上、墙上、门窗、屏风、龙椅等无不雕刻着龙的图案。据统计，此地共有装饰性的龙 12 654 条，真可谓是龙的天下。中和殿是皇帝上朝前作准备的地方，保和殿是皇帝举行御试的地方，它们的规模都不能与太和殿相比。在三大殿的两翼有东路的文华殿和西路的武英殿，各作为皇帝廷筵和修书之所。

　　三大殿之后是内廷后三宫：乾清宫、交泰宫和坤宁宫。后寝的主要大殿是乾清宫，原是皇帝和皇后居住之处，清雍正时才改为皇帝办公专用殿。殿内宝座的上方挂有一块"正大光明"匾。在古代，历朝历代皇子间皇位争夺激烈，雍正即位后，鉴于前世的经验，他提出皇帝生前不宣布继承人的姓名，只将名字写下一式两份，一份藏在皇帝身边，另一份就藏在乾清宫这块"正大光明"匾后，待皇帝死后，拿出两份名单对照无误再公布于众。这个办法形式上似乎正大光明，但封建制度本身决定了在这块"正大光明"匾的背后依然进行着钩心斗角的斗争。交泰宫是重大节日皇后接受众人朝贺的地方。坤宁宫是皇后居住之地。在后三宫的两翼还有东路的东六宫和西路的西六宫，是妃嫔、宫女的居所。咸丰帝时，慈安皇太后曾住东六宫中的钟粹宫，故称东太后；慈禧太后曾住西六宫中的储秀宫，故称西太后。许多与之相关的历史事件就发生在这里。在乾清宫西侧还有养心殿，自雍正帝始，这里成为皇帝平时处理政事之所。殿的东暖阁也设有龙椅，同治帝时，

北海。北海早在辽、金时已是皇帝的行宫，明中期增建了不少殿宇，但图中所见的静心斋则建于清朝。

小皇帝坐在御椅上，椅后有一垂挂的帘子，帘后东、西两宫太后分坐左右，幕后操纵着国家大事，这就是"垂帘听政"。

在后三殿之后是御花园。里面有亭台楼阁、花草虫鱼、奇山怪石，环境幽静，是皇帝和后妃游玩的地方。此外，紫禁城还有大量的彩画、雕刻、影壁等装饰，使紫禁城成为一座金碧辉煌、威严肃穆的艺术宫殿。紫禁城是中国古代居住文化最高成就的体现，是几千年帝王宫廷建筑的集大成者。

明清两代沿袭前世之风，是我国古代园林的最后兴盛时期，并给后世留下了大量园林。明清皇家园林主要有皇城西苑三海、京西三山五园以及承德避暑山庄。

西苑三海是指皇城西面的北、中、南海。明朝三海已修建得古木参差，怪石嶙峋，水曲山幽，清代对三海的经营更加精细。南海的南台改为瀛台，台上的涵元殿为慈禧太后幽禁光绪帝的地方；台上的宝月楼，相传乃乾隆帝为新疆维吾尔族的宠妃香妃所建的望乡楼；中海西岸的紫光阁为每年仲秋侍臣校射之所。后来，慈禧太后还在三海苑内修建了3里长的铁路。

清朝还在北京西郊兴建了以"三山五园"为中心的大批离宫别苑。所谓"三山五园"指的是香山的静宜园，玉泉山的静明园，万寿山的清漪园、畅春园和圆明园。康熙帝时，利用明代官吏李伟的清华园故址建造了畅春园，成为西郊第一座离宫型园林。接着又在玉泉山建造了静明园，在香山建造了静宜园。康熙四十七年（1708年），特在畅春园的北面建造了圆明园，赐给皇子胤禛（雍正皇帝）。胤

圆明园内景之一：谐奇趣及方壶胜境。谐奇趣及方壶胜境均在圆明园四十八景之中，近景的欧式建筑西洋楼与远处的典型中式宫殿方壶胜境相映成趣。

圆明园海晏堂西侧。海晏堂是圆明园最大的欧式建筑。

圆明园谐趣园北面

禛当皇帝后，将圆明园扩建成为离宫。乾隆即位后，六下江南，饱览了各地的风光美景，返京后大兴土木，将园林建造推向高峰。他进一步扩大了圆明园，并把附近的长春、万春两园并入，成为占地5000余亩的大型离宫型园林。圆明园完工后，乾隆帝写了一篇《圆明园后记》，记叙这座园林规模之宏伟、景色之绮丽，并告诫子孙不要废弃此园而重费民力另建新园了。但是，事隔不久，他自食其言，又在圆明园西边兴建了另一座皇家园林清漪园。至此，历时200余年、耗资巨大的"三山五园"在北京西郊正式建成了。再加上附近的蔚秀园、朗润园、勺园、熙春园、近春园等，方圆几十里的范围内，几乎园园相通，楼阁相望，湖光霞影，玉峰钟鸣，西郊成为一个举世无双的宫廷园林区。可惜的是，清末政府软弱无能，外国侵略者两次洗劫西郊园林，园中财宝被掠夺一空，并放火烧毁了部分建筑。清人对劫后满目疮痍的园林曾做了如下描绘：

玉泉悲咽昆明塞，唯有铜犀守荆棘。
青芝岫里狐夜啼，秀漪桥下鱼空泣。

181

河北承德普陀寺旭光阁全景

苏州纲师园一角。纲师园保留着旧时住宅与花园相连的特点，全园面积不大，但布局紧凑，景色多变，是苏州园林的杰作。

清初，康熙帝为密切与蒙古各部的关系，每年秋季都到塞北的木兰围场操练八旗军队，并由蒙古王公陪同在围场行猎，称为"木兰秋狩"。同时，清廷在北京至围场的途中兴建了10余处行宫。康熙帝时，发现热河（承德）地区的地势和环境与众不同，并决定在此修建离宫。因行宫内有著名的热河温泉，故名"热河行宫"，每年清帝偕妃嫔群臣到此避暑，故又称"避暑山庄"。经过康熙和乾隆两朝90年的经营，山庄内宫殿连绵，绿树苍翠，山清水秀，建成后的山庄是北海的8倍、颐和园的近2倍，成为清代占地最大的苑囿，后世统称其为"承德避暑山庄"。

明清时期，私家园林也在不断发展，并达到鼎盛。北京、南京、苏州、杭州、嘉兴、扬州等地是私家园林的荟萃之地。明代北京

明文徵明的《东园图》。东园，原名太府园，是明代开国元勋中山王徐达的府第。因地处南京聚宝门内城之东，故又名东园。园内建筑宏丽，景致秀美，徐氏后人常在园中聚集当时名流游宴嬉戏。此图表现的即是东园主人与文人雅士们在园中游乐的情景。

的私家园林不下20余处，如定国公园、英国公园、李伟的清华园、画家朱万钟的湛园、米氏的勺园等。苏州的私家园林居全国之冠，现存的有拙政园、留园、纲师园、狮子林和沧浪亭等。这些园林山水亭树、花鸟虫鱼浑然一体，曲径通幽，各有特色。此外，还有扬州的何园、无锡的寄畅园、上海的豫园等。

明清时期是中国家具的成熟期。出现了背靠椅、圈椅、扶手椅、太师椅等许多种类型，各种木制的茶几、方桌、长桌、圆桌、顶柜等与现代相差无几。明清卧具因地区、民族和贫富差别而各异。北方用火炕，南方用床，且床有木板床、竹床、棕绷床等多种。明清家具多采用成组成套的对称布局，讲究素雅简洁、古朴大方。

四、古代交通的整合

清朝是我国最后一个封建王朝，奠定了近代中国的基本疆域。与前代相比，清代前期的交通设施、交通工具和交通管理没有质的突破，但经过几千年的整合和清政府的多次整顿，这时期的道路更加合理，交通工具更为有效。

清初的道路分为三等：一是"官马大路"，由北京向各地辐射，主要通往各省城；二是"大路"，自省城通往地方重要城市；三是"小路"，自各地重要城市通往各市镇的支线。官马大路是国家级官道，在京城东华门外设皇华驿，作为全国交通的总枢纽，管理北、西、南、东路等官马大路干线。官马北路系统有几条干线，

前清京师图中所反映的北京的建筑和交通

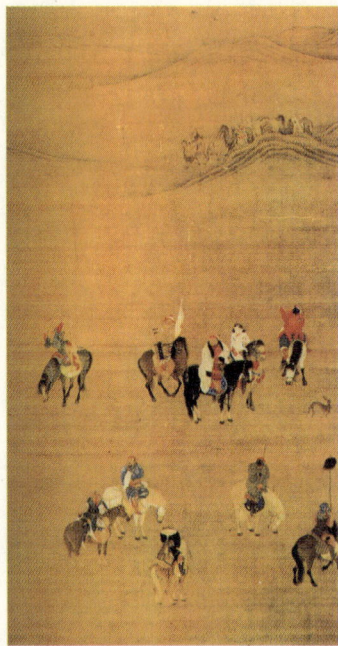

元代刘贯道《元世祖出猎图》，反映了蒙古族骑马狩猎的场面。

其中最重要的是通往东北的干线，沿途经山海关、盛京，然后延伸到雅克萨、庙屯（黑龙江入海口）的官路和通往朝鲜半岛的国际通道。官马西路系统包括兰州官路和四川官路两大干线。前者从北京到兰州，并通往中亚、西亚诸国，后者从北京、西安延伸到拉萨，是大西南的干线。官马南路系统包括云南官路、桂林官路和广东官路三条干线。前两条从北京经太原分别南下到昆明或桂林，第三条则从北京经济南、合肥、南昌，直达广州，这是清代纵贯南北的主要官道，终点广州又是清代对外通商的唯一口岸，所以，清政府对这条干线极为重视。官马东路的唯一干线就是福建官路，从北京经济南、徐州、南京、上海到达福州。这个庞大的交通网络在清代创建、开发边疆以及实现各地交流等方面均发挥过重要作用。

清代初期的交通工具基本上是明朝的延续，以轿车、骑马和舆轿为主。轿车是有顶篷的骡马车，由一两匹骡马牵引，顶篷和车围子的质地和颜色根据车主身份而有所区别。如皇帝用明黄的绸缎，三品以上官员用红色，其他官员用宝石蓝、古铜、绛色等，百姓多用深蓝色的棉布或麻布。

清朝继承了元、明两代和本民族的骑马风俗，骑马与以前相比有过之而无不及。元代，蒙古族是以游牧骑马为主要生活方式的民族，"天马浮江，兵强将锐"，蒙古族的崛起以至元朝的中原定鼎，谱写了一曲马背定乾坤的英雄史诗。明代统治者更是依靠马匹来武装自己的军队，建立起强大的骑兵部队，使战马扮演着陆地战争中最为重要的角色。如明成祖五次千里出师远征漠北，曾动用百万人以上的军队，其中便包括大量的骑兵。满族原是擅长骑马的民族，八旗兵就是以骑兵为主组成的。在清代的绘画作品中，可以看到许多骑兵实战的英姿，如郭朝祚的《雍正平淮战图》，描绘了骑兵平定噶尔丹叛乱的情景；丁观鹏的《平定伊犁回部

明《宪宗元宵行乐图卷》

《乾隆南巡图》

战图》，则描绘了清、回双方骑兵对阵的情景。

　　骑马不仅被应用于军事战争，而且广泛用于邮驿、巡游、出行、狩猎等活动。辽、金、元时期，李赞华的《射骑图》描绘了辽人猎手牵马出行射猎的情景，刘贯道的《元世祖出猎图》再现了元世祖骑马狩猎的英姿，张瑀的《文姬归汉图》则描绘了金人送文姬骑马归汉的情形。明代商喜的《宣宗行乐图》亦描绘了宣宗骑马游玩，文武官员、侍从骑马伴行的情景。在清代的许多绘画作品中也留有许多骑马形象，如郎世宁画的《春郊阅骏图》，表现了乾隆帝骑马赏春的情景；《乾隆南巡图》展示了乾隆年间客商在北京骑马逛街的景象。

　　轿子在宋元又有所发展，制作更加讲究，形制更丰富多彩，并形成了严格的乘轿制度，出现了官轿、民轿之分。如明初轿制规定：凡文臣三品以上方可乘轿，武官严禁乘轿。后来轿制稍有放松，武官也可乘轿。而清朝规定，三品以上的京官，在京城乘"四人抬"，出京城乘"八人抬"；外省督抚乘"八人抬"，督抚部属乘"四人抬"；三品以上的钦差大臣乘"八人抬"；皇亲国戚则多到10人乃至30人抬；同时，轿子的围幔、装饰等因身份而有所差别。明清官轿出入时均有侍从在前鸣锣开道，沿途呵斥声不绝于耳，平民百姓路遇须肃立回避。明末清初，轿子逐渐民间化、大众化。民轿一般是黑油齐顶、平顶罩帏的两人抬小轿，主要对象是地主、豪绅，平民百姓遇婚姻嫁娶也用花轿迎送，但这时花轿已不再是代步工具，而是一种礼仪和仪仗。

　　明清时期十分重视邮驿，驿传进一步完善。明代建立以南京为中心的通达全国的邮驿系统，同时加强对西南、西北、东北等边防的驿传建设，以巩固国防。据

妇人坐轿男人走，年画中的西洋人印象。

记载，明军南下时，贵州彝族土司霭翠被任命为贵州宣慰使，他去世后，其妻奢香代领夫职。1384年，奢香受命开辟贵州东北通往四川的驿路。她带人克服重重困难，建成了从云南昭通直通贵州修文的驿道，对加强中央同西南地区的联系发挥了重要作用。明成祖因此封奢香为"顺德夫人"。明诗人吴国伦的《奢香诗》赞美了这位彝族妇女对发展邮驿事业的历史贡献：

我闻水西奢香氏，奉诏曾谒高皇宫。

承恩一诺九驿通，凿山穿木开蒙茸。

至今承平二百载，牂牁僰道犹同风。

到了清代，统治者注意吸取邮驿教训。康熙年间，吴三桂在云南发动叛乱。当时朝廷有3位官员正在贵州出差，得知叛乱消息，疾驰前往镇远驿站，而驿站当时已被叛军控制，得不到驿马，于是又奔至沅州，获得驿马后连续奔驰11个昼夜，方到达京师。下马之后喘息未定，抱柱而不能言，良久方才苏醒。清政府至此方才确知吴三桂叛乱的消息。后来，清帝多次引用这一"飞驰告变"的故事，说明"置邮传命"对于国家安危的重要意义。清初在开拓边疆的同时，还开辟了许多新的驿道，新设了若干邮驿机构，在边远地区设邮驿干线，并根据边疆各地的不同情况，继承历代边驿的优点，在全国建成了繁密的通信邮驿网。对此，清代名人钟奇说："我朝边围驿站之政，到高宗而集其大成。"高宗就是乾隆皇帝，意即乾隆时我国古代邮驿事业达到了高峰。随着商业的发展和人员交往的增多，驿站接待范围逐渐扩大，来往客商纷纷住宿这种官方旅馆。在江苏苏州如苏驿站的大门石柱上，有一副有趣的楹联："客到烹茶旅客权当东道，悬灯待月邮亭远映胥江。"生动、形象地反映了当时驿站热情待客的情景。

但在邮驿不断发展的过程中，也逐渐暴露出邮驿开支过大、官吏恃特权受贿、

清满文信牌。清代，在驿道的重要地点设驿站，以保证朝廷文书按时到达。图为皇太极调兵用的满文信牌，持这类信牌者可使用驿站。

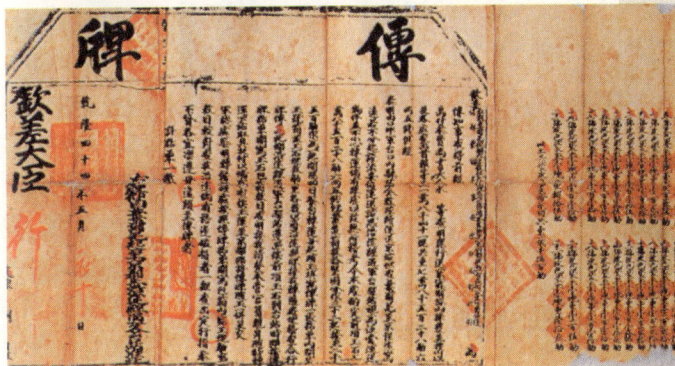

清乾隆年间所用的驿站传牌

馆驿和驿马过多累民等弊病。对此，明清两朝陆续进行了邮驿改革。明朝的张居正从削弱和限制官员的驰驿特权入手，压缩驿传经费达3/10。后来，明崇祯帝为筹军饷，大规模裁驿，限制官吏的驰驿特权。但在明王朝大势已去、积习难返的情况下，这些改革终归于失败。清初统治者十分重视明朝驿银累民的教训，顺治帝首先革除此弊，裁撤部分驿丞，驿站划归地方管理，不再设专门的官员管理驿站，并将"邮"和"驿"合并。这样，驿银累民、邮驿混乱的状况得到了改善，邮驿机构得以精简，大大提高了工作效率。到光绪年间，全国仅有10个省设驿丞，人数不超过65人。

清代前期，内河航运基本维持元、明时期的规模。虽然长江、珠江、黑龙江等大河及其支流的航运有所发展，但大运河仍是我国南北交通的主要通道。当时，运河里船只往来如梭，运输粮食的船最多时曾达到1.2万多只，船工最多时超过12万人。除了粮船以外，航行在运河上的还有许多官船、商船和民船。南方的丝绸、茶叶、瓷器和北方的豆、麦、梨、枣等土特产，都通过大运河来运输。这一时期，我国出现了30多座新兴商业城市，十之八九都分布在大运河沿线，山东德州、临清、济宁、江苏淮安、扬州等都成为繁华的商埠。

在对外交流方面，清初实行海禁，对外交流和贸易一度萎缩。但郑成功在东南沿海积极从事海外贸易，坚持反清复明，并一举收复了台湾。清政府收复台湾

郎世宁所画《万国来朝图》中的各西洋国使节，反映了清朝与各国交往的频繁。

后，开放海禁，沿海广州、潮州、厦门、宁波等港口重新兴盛起来，清政府与日本、东南亚国家以及英国、西班牙、葡萄牙等西方国家的贸易获得了很大发展。但这时，清朝与西方国家的贸易往来已非昔日海上丝绸之路的性质。我国开辟的海上丝绸之路，是一条和平友好的文明之路，而清后期西方殖民者的来华贸易，实际是贩运性质的转口贸易，是一条从中获取暴利的掠夺之路。及至后来，西方国家为走私鸦片而用炮舰打开了中国的大门，中国失去了海关、外贸和许多港口的自主权，中国的海运由此衰落。

清人所绘《康熙南巡图》(局部)，反映了康熙南巡过运河的情景。

清代徐扬所绘《姑苏繁华图》(局部)，反映了苏州地区漕运的繁忙景象。

第十章　西俗东渐，中西合璧

从鸦片战争到清末民初，是中国近代历史的开端，清王朝从衰落逐渐走向灭亡，中国由封建社会进入半殖民地半封建社会。这一时期，随着西方资本主义势力的入侵，传统的文化风俗受到强烈的冲击。在动荡不安的社会环境中，衣食住行等生活风俗呈现出西俗东渐、中西合璧、从传统走向现代的特点。

一、从长袍马褂到西装革履

随着列强的入侵，洋人纷至沓来。在中国人和外国人的交往过程中，西俗开始东渐，西式服饰对中国人产生了潜移默化的影响。在上海、天津、广州等开埠较早的城市，中西商民的交往日益频繁，外国服饰的影响最明显。早在1859年，一位刚到广州的英国人就惊异地看到"很多中国姑娘的天足上穿着欧式鞋，头上包着鲜艳的曼彻斯特式的头巾"。到光绪年间，天津不少人"衣巾无不做兜"，像西方人那样"以装置零物"。早在1867年，上海就有人开始穿西装。据说一娶西洋女为妻、由欧洲返沪的"詹长人"，身穿西装携所娶西洋女到黄浦滩丽如银行办事，沿途市民见其"冠履衣裳居然西式"，好奇之极，蜂拥尾随追看，结果把丽如银行围了个水泄不通。当时，不少时尚女子也开始模仿外国女子的打扮，有人做打油诗描述这些仿效外国的女子：

云鬟新编脑后拖，时新衣服剪纱罗。

倾瓶香水浑身洒，风送芳香扑鼻过。

在东西方文化的碰撞中，中国开始有人提出断发易服。

断发易服的革命党人陈天华

189

剃发催生了理发业的发展

剪辫子

受日本"改朔易服"的影响，1895年，旅日华侨冯镜如和民主革命的先行者孙中山在日本剪除了发辫。但这种剪辫纯属个人行为，没有形成风气，对国内也没有造成影响。1898年除夕，新加坡年轻华人于除夕之夜集体剪辫，改易西服。此事一石激起千层浪，顿时引起国内大震动。国内维新派首领康有为、梁启超等在呼吁清廷维新变法的同时，大胆地提出断发、易服、改元的主张。其后，一些先进人士多次提请断发易服，均遭清政府拒绝。但国内舆论界对剪辫易服风潮起了推波助澜的作用，逐渐形成"剪辫易服"运动。而此时，南洋、日本等地的华侨开始普遍采取虽留辫但剪短头发且穿西装的变通方式。

在剪辫易服运动的推动下，1910年冬，清政府资政院开会通过剪辫易服。民间闻讯，群情振奋，剪辫易服者"一时风起云涌，大有不可遏制之势"。1911年10月10日，辛亥革命首义成功。在已独立的各省，剪除标志着"汉人臣服满清"的辫子就是革命与不革命的分水岭。在当时，剪辫浪潮由革命的中心城市向中小城镇和农村扩展。仅广东一省，一天便有20余万人剪去辫子。1912年3月5日，临时政府公布剪辫令，剪辫运动再掀高潮。"不论老弱少壮之男子以及士农工商，罔不争先恐后，纷将天然锁链剪去"。到1919年暮春，依然拖着长辫住在紫禁城里的末代皇帝溥仪，终于抵挡不住整个社会无辫的现实，在其外国老师庄士敦的劝说下，剪掉了大清国的象征——辫子。他的辫子一剪，皇宫之中千把条辫子也都不见了。

经过数年努力，象征落后和愚昧的长辫子，终于被彻底地扫进了历史的垃圾堆。辫子剪除后，讲究式样的理发业取代了单调的剃头业。不久，男女理发业相继在城市中发展起来。

民国建立后，没有了封建服制的束缚，崇洋风气顿时形成，洋化最明显的标志是西服和皮鞋的流行。当时，上海有几家由洋人开的时装公司，如惠罗公司、福利公司、汇司公司等，专做西装。

穿中山装的孙中山

连东北偏僻的呼兰县城也"服西服，履革履者日众"。随着西装在上层社会的流行，退位的皇帝也穿上了西装。1916年，英国人庄士敦出任末代皇帝溥仪的英语教师。当蓝眼睛、高鼻梁，穿着一身得体西装的庄士敦来到毓庆宫，溥仪被他的西装吸引住了。随后，溥仪下旨让太监到王府井买了一大堆西装，溥仪穿上其中一套，兴致勃勃地来到毓庆宫。庄士敦见溥仪穿的西装又肥又宽，立刻让他换下来，严肃地说："如果穿不合身的西装，还不如穿原来的袍褂好。"第二天，庄士敦带了一个著名的西装裁缝给溥仪量身定做了一套英国绅士西装。

中华民国建立后，男子服饰的另一突出变化是，孙中山创制了中西合璧的中山装。孙中山创制的中山装，融入了他的政

溥仪也穿上了西装

191

西装、长袍、中山装各取所好。

穿长袍、马褂的官僚。

治理想。当时南洋华侨中流行一种"企领文装"，孙中山决定以这种服装为基本样式。他在企领上加了一条翻领，又将"企领文装"上衣的上面一个暗袋和下面两个暗袋改为上下各有两个明袋。上衣前襟的四个衣袋，象征国之四维，即礼、义、廉、耻。孙中山改"企领文装"前襟的七个纽扣为五个纽扣，以象征中华民国实行行政、立法、司法、考试和监察五权分立的制度。袖口缀上三个扣子，用以代表民族、民权、民生的三民主义。裤子以西装裤为基样，前面开缝并用暗纽，左右各有一只暗袋，前面右上制一小暗袋，后面右臀部挖一暗袋，覆以软兜盖。中山装既保留了西装贴身干练的风格，又融入了中国对称凝重的格调。它根除了清代服制的封建等级划分，体现了民主、和平。所以，中山装的流行是必然的。南京国民政府建立后，下令中山装为文官制服，在国民政府的提倡之下，中山装很快成为一种官民合一的流行服装，也成为被外国人士广泛认可的可在各种场合穿的中国男子的正式礼服。

民国时期，当西装和中山装成为中国男子的正式礼服后，传统的长袍、马褂就成为人们的休闲服装，在外国人眼中成为反映中国传统文化的特色服装了。这样，在城镇，中国男子服装很快演变成长袍马褂、西服、中山装三分天下的局面。相对来说，穿西服和中山装者主要是国民党的各级党政官员、民主党派人士以及各行各业的上层人士。用传统的高档的丝绸做的长袍、马褂主要是做生意的城镇商人穿。大学生和大学、中学教师，通常上身穿阴丹士林的长袍，下身穿西式裤子，脚下穿传统中式布鞋，这种装束成了知识分子的象征。

清末，在北京、广州、南京、天津等华洋杂处的大都市，妇女服饰也在悄悄

晚清穿洋裙的妇女

发生着变化。不管是青楼中人还是良家妇女,出门时"怀中皆有极小眼镜,观剧侑酒,随置座隅,修容饰貌"。到宣统年间,上海妇女服饰又变得崇尚线条和暴露,"身若束薪,袖短露肘"。同时,一些时尚女子崇尚西方男士服装,"戴西式之猎帽,披西式之大衣",女扮男装,招摇过市。

　　进入民国,清朝旧制礼崩乐坏。有了民主、自由思想的女性,在服饰上首先冲破长袍大袖严严实实的禁锢,将自己身体的曲线美一点点地展现出来。传统的上衣下裙、长衫长裙,被改变得修长合身,出现了高领衫袄和黑色长裙。裤子再也不像清代那样肥大宽松了,青年男女穿着紧绷腰身、突出曲线的裤子公开走上街头。清代的妇女没有大衣,只穿斗篷。到了民国初年,斗篷已不再时兴,知识

穿裘皮披肩、旗袍和高跟鞋的女子。

穿突出曲线薄裙的妇女

穿西装的皇室贵妇和穿中式服装的外国妇女

梳妆的妇女

女性和妓女们开始追逐洋装和洋化，模仿西洋女子的外衣款式，由此便出现了中式西样的新款女式大衣。前清只准贵族专用的紫貂、灰背，开始成为太太与小姐们做新款中式西样大衣时青睐的"宠物"。

辛亥革命后，都市女子服装的另一重大变化是，一些时髦女性开始改良旗袍，并模仿旗女试穿旗袍。最初的旗袍，以旗袍马甲的形式出现，无领无襟，由马甲伸长直到脚面，马甲和裙子融为一体，穿在短袄外面。这时还只是对原来的旗袍稍加改良，仍然保留着原来旗袍的基本样式。约到20世纪20年代初，旗袍开始吸收欧美服饰讲究曲线的特点，向紧身的方向发展。约从1925年春起，上海忽然流行超紧身和大开衩旗袍。30年代，在旗袍上加花边，镶绲边。在旗袍花边争芳斗艳的同时，领上缀花、肩上嵌花、前襟补花也应运而生，并迅速成为新的时尚。

旗袍结构简单，剪裁方便，配上高跟皮鞋，既可显示女性秀美的身姿，又可表现出高雅华贵的气质。

辛亥革命后，城市妇女发髻花样翻新，讲究颇多。当时上海、北京等大城市妇女发髻式样多达20余种，除流

穿宽大旗袍，梳"一"字刘海儿的晚清妇女。

时髦的女人及装饰

行的东洋髻外，还有冲天辫、葵花红、燕尾髻、半朵梅花、双龙辫、高丽髻等等。后来，城市女性仿照欧美烫发。风气一起，上海、北京、天津、广州等大城市的时髦女性一窝蜂似的走进理发店。有的烫成波浪式，有的烫成螺髻式，有的是蝴蝶形，有的是水柱冲天形。城市妇女除艳装华服外，还束胸、缚乳、缠细腰、穿耳以及戴项链、手镯、戒指、耳环等。当时人称此为"骄奢浮靡之习"。到1918年，女子服饰忽然刮起剪发和俭朴之风，从而直接导致了五四时期"文明学生装"的

时髦的女人及装饰

开衩很高的旗袍

晚清的少妇

出现。

　　清末，由于禁止缠足运动的兴起，在上海、广州等沿海开埠城市，穿了几百年的弓鞋逐渐让位于放足之后的"文明脚"的皮鞋。有些地区，还专门为放足女子制作了"云头鞋"。

　　民国初年，西方交际舞传入上海。一些著名大饭店都辟有舞厅，并有舞女伴舞。舞女多数烫发，穿旗袍或鲜艳的长裙，足踏红色高跟鞋。在跳舞成风的社会背景下，各界女性纷纷效仿伴舞女郎，从而在着装上形成红色高跟鞋风潮。当时，上海时髦女性的红色高跟鞋主要有皮鞋、皮靴、凉鞋、高筒鞋、网眼鞋等。因为红色高跟鞋大流行，上海四大鞋柜的女式红色高跟鞋经常脱销。

红色高跟鞋在旋转

新式娱乐——交际舞

二、放下筷子拿刀叉

　　清末民初的社会转折时期，中国人的宴饮发生了较大变化：一是宫廷菜大量流入民间菜馆酒楼，二是西餐番菜纷纷在各大城市粉墨登场。

　　清代前期，当时市面上的酒楼饭庄，大多以承办民间的宴会酒席为主。但到了清代后期，官府之间的请客宴会也进入营业性质的酒楼饭庄。与此同时，酒席饭菜也有了新的发展。有以主要菜品命名的，如烧烤席、燕菜席、鱼翅席、鱼唇席、海参席等；有用一种原材料做成一桌酒席的，如全羊席、全鳝席、豚蹄席等；还

晚清上海买办吃西餐

有以盘碗碟的多少而命名的，如十大件、八大吃、十大菜、八大碗等。到了清末，社会上最为流行的是八个盘八个菜的所谓"八八席"。当时的筵席，规格最高的当推"满汉全席"，一般官宦富商无不以满汉全席为荣。

　　鸦片战争后，在西风东渐大潮的驱动下，中国人的饮食习惯发生了重大变化。19世纪60年代，西式饮食开始传入中国。西餐传入中国后，开洋荤、吃西餐渐成风气，并成为中上层人士的一种时尚。《沪游梦影录》记载了19世纪90年代的番菜馆："向时华人鲜过问者，近则裙屐少年，巨腹大贾，往往携姬挈眷，异味争尝，

孙中山用
过的西式餐具

亦沾染西俗之一端也。"到光绪宣统年间，上海、北京、天津等商会都市都引进了西餐。当时中国人称西式饮食为西餐、大餐、番菜等。

随着西餐的输入，繁盛的商埠出现了专营西餐的餐馆。据记载，我国设售西餐者，始于上海福州路的"一品香"西餐馆。继之，上海出现了海天春、一家春、江南春、万长春、吉祥春等西餐馆。1900年，八国联军入侵北京时，有两个法国人在现在的北京火车站西北苏州胡同开了家小酒吧，除了卖一两角钱一杯的红、白葡萄酒外，还有炸猪排、煮鸡蛋等，这家小店后来发展成为声名显赫的北京饭店。

天津最有名的西餐馆是"起士林"。起士林原是德国皇帝威廉二世皇宫中的一个厨师的名字。1918年，德国发生革命，威廉二世被赶下台，起士林孤身一人流落到天津。他在天津英租界开了一家小店铺，制作洋人爱吃的奶油点心，受到当地洋人的欢迎。起士林的生意越做越好，随后他在英租界买下一块地皮，开起了餐厅。这样，天津就有了一家正宗的西餐馆——起士林餐厅。起士林餐厅以地道的德式、俄式大菜在天津一炮打响，很快就成了外国人聚首的地方。后来，不光洋人常常到这里来品尝德式牛排、法式面包，天津的一些新派人物也以到起士林

上海"一品香"西餐馆

北京饭店

上海妇女吃西餐

吃西餐为时尚。一时间，起士林餐厅成了天津人追求西化的象征。

为适应中国人不同的消费水平，西餐馆分为几等，既有豪华的大酒店，又有简陋的小餐室。大酒店是达官显贵讲排场、摆阔气的场所，一般市民消费不起，这里"海外珍奇费客猜，西洋风味一家开。外朋坐上无多少，红顶花翎日日来"。清末文学家曾朴在《孽海花》中曾描写山东土财主鱼伯伯与朋友到东交民巷吃西餐，点了两客西菜：一客是番茄牛尾汤、炸板鱼、出骨鹌鹑、咖喱鸡饭、勃朗布丁，一客是葱头汤、煨黄鱼、牛舌、通心粉雀肉、香蕉布丁。可见，当时的西餐十分丰盛。小餐室有的专卖西餐，有的兼营咖啡、茶点和西菜，有的还卖粮果、西点和饼干等。这些小店规模不大，但洋味十足，桌上总是铺着雪白的台布，摆着亮晶晶的刀叉，菜牌上写着洋文，所以这里的常客一般多是知识分子、洋行雇员等。据清末秦瘦鸥的《沙利文杂忆》记载："这种一、二元钱的西餐，菜单上列有一汤，一鱼（或虾），一主菜，还有一小杯咖啡和一道甜点。面包是由一个孩子托一只藤制的盘，送到餐桌前的，客人可以

拖着辫子吃西餐

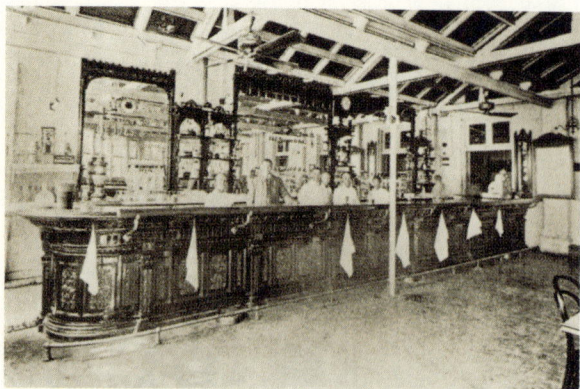

礼查饭店酒吧

尽量取食，不取分文。"

除西餐和西餐馆外，西式饮料也传入了中国。啤酒、香槟酒、咖啡、奶茶、汽水、冰棒、冰激凌等大众化冷饮所费无几，在清末已走入千家万户。《大公报》介绍说："北京街市向届夏令有梅汤、冰水之摊，今年则均带汽水数瓶，值亦不昂，较之冰水有益于人多矣。"在天津、上海等地还开有专门的咖啡店，兼售糖果以佐饮。在西式点心方面，清末市面上已有面包、布丁。

到民国初年，官绅宦室则"器必洋式，食必西餐"，吃西餐大菜普遍成为社交场上的应酬。"向日请客，大都同丰堂、会贤堂，皆中式菜馆。今则必六国饭店、德昌饭店、长安饭店，皆西式大餐矣。""旧式饽饽铺、京钱四吊一口蒲包，今则稻香村、谷香村饼干，非洋三四角，不能得一洋铁桶矣。昔日抽烟用木杆白铜锅，抽关东大叶，今则换用纸烟，且非三炮台、政府牌不衔矣。昔日喝酒，公推柳泉

供应中西佳肴的上海四姐妹饭店做的广告

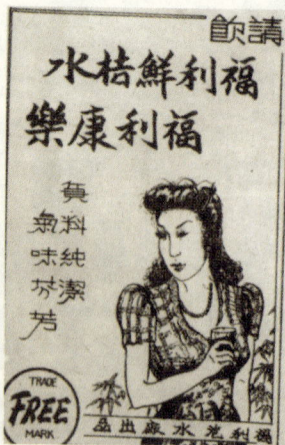

福利鲜桔水广告

泰康公司的金鸡饼干广告

经营罐头的
泰康食品公司

居之黄酒，今则
非三星白兰地、
啤酒不用矣。"
西式糖果、烟、
酒大量充斥民国市场，并为很多人所嗜食。
在重庆，"民国光复，罐头之品，番餐之味，
五方来会，烦费日增"。在上海，"遇有佳客，
尤非大菜花酒，不足以示诚敬"。城市中西
餐店纷纷出现，仅天津一地就有11家。

随着西餐的流行，许多中国人也开店
设厂生产洋食品，并创立了自己的品牌产
品，如泰康的饼干、冠生园的糖果、张裕的
葡萄酒等。一些外国蔬菜也进入城郊农民
的菜园和市民的餐桌，如洋葱、洋芋、花菜、
洋百合、卷心菜、芦笋等等。

由于西方机器、技术的输入，自来水开
始在城市中使用，从而使中国城市的饮水
习俗发生了深刻变化。中国城市居民饮水
向来汲于江河或水井，水泉不洁，且取水困
难。上海自1907年8月自来水正式启用，当
月食水用户有600家，至年终达7500家，"各
户报装食水者，一洗从前藏纳垢污之苦，更
免传染疾疫之虞……绅民称便"。

1902年建立的六国饭店

自来水桥。1881年英商在上海成立自来水公司，向公共
租界供水。1886年，上海铺设了地下水管。

三、从传统民居到公寓洋房

上海徐家汇天主教大教堂

鸦片战争后，外国殖民者打开了中国的大门，西方的建筑文化开始涌入中国，并对中国的建筑艺术风格造成强烈冲击。在此条件下，中国最早出现的带有西式风格的建筑是宗教建筑。随着外国殖民者在华宗教活动的日益频繁，1847年辅理修士西班牙人范廷佐在上海徐家汇设计建造了一座教堂，这是中国近代建筑史上最早的西式教堂之一。此后西式教堂在各地不断兴建，其建筑风格约有以下几种形式：罗曼式、哥特式、文艺复兴式与巴洛克式。

罗曼式教堂平面多呈长"十"字形，以山墙面为主要入口，特点是立面应用一些古罗马建筑的细部，门窗顶部均用半圆形券，屋顶内部天花为石砌肋骨拱结构，外部覆盖有高坡屋顶。当时著名的上海法租界的洋泾浜天主教堂、南京石鼓路天主教堂就属此类建筑风格。哥特式教堂平面内部常有一个中厅和一两个内侧廊，尽端有半圆形的圣坛，主入口在正对圣坛的山墙面，上面有巨大的圆形玫瑰窗。建筑特点是用尖券、尖拱和骨架结构，外部有明显的扶壁，立面有尖券门和钟塔，屋顶有许多小尖饰，建筑的四周窗户较大，多用彩色玻璃镶嵌画装饰，营造出一种神秘宁静的气氛。上海的徐家汇天主教堂、北京的西什库教堂、天津基督教礼拜堂等就是典型的哥特式建筑风格。文艺复兴式建筑提倡人文主义与古典建筑形制。巴洛克式建筑风格则强调在古典建筑形式上自由变化，造型上应用大量曲线与曲面。这类风格的建筑在我国亦不少，如北京入面槽天主教堂。此外，哈尔滨的道里东正教堂、上海新乐路东正教总会则带有俄罗

广州十三行油画。广场后面是夷馆，均是华丽的洋房。

斯建筑的风格。除教堂建筑外，天主教和基督教还在上海、天津、南京、北京、广州等地兴办了一批教会学校和医院，一部分建筑移植了欧洲式样。如美国基督教在南京创设的汇文书院、美国基督教传教士马林在南京筹建的基督医院等。

随着列强的侵入，一批具有各国特色的公使馆、领事馆、总督公署、巡捕房、工部局、兵营等纷纷登陆中国。北京在东交民巷逐渐建成外国使馆区，英、美、法、日、俄等国使馆规模最大，布局和设计手法往往是中西结合。如英国使馆大门为宏伟的欧洲文艺复兴式样，但围墙与院内附属建筑则仍沿用中国传统旧制。法国使馆和日本使馆的大门均为不严谨的折中主义式样，虽局部有西方古典建筑手法，但大门两旁设置一对中国传统石狮，是中西混杂的典型实例。而青岛的旧德国总督公署则采用了欧洲文艺复兴时期的公共建筑形象。

新式旅馆、洋行、银行、工部局、俱乐部等一批近代出现的公共建筑，都和中国传统建筑风格迥异。如上海英租界的前汇中饭店，高6层，是当时上海高层建筑的先驱。新楼主体局部应用钢结构，内部设电梯，立面外墙为红砖，窗间墙为白色，总体造型带有折中主义的风格。北京长安街的北京饭店，主体高7层，钢骨架外包混凝土结构，电梯设备齐全，正立面为土红色面砖，总体造型新颖简洁，气势宏大，成为当时北京新建筑的代表。其他如北京六国饭店、上海汇丰银行、上海怡和洋行、天津英国工部局、德国俱乐部等，都是比较典型的西式建筑。

1910 年左右
的上海汇中饭店

　　19 世纪 60 年代以后，中国兴起了向西方学习的洋务运动，近代工业开始在中国出现。洋务派在兴建新式军工、民用企业的同时，建筑上也大量采用西洋的风格，如金陵机械局机器各厂。除工业建筑外，洋务派还建造了一批大型民用建筑，如京山铁路北京车站（又称前门火车站）、北京旧国会大厦（现为新华社）、北京旧陆军参谋本部（现为北大医院病房）、北京万牲园大门（现为北京动物园）、南京江南水师学堂等，多半都是在西式门面上掺杂有中国传统的装饰。如旧国会大厦、万牲园大门等都在巴洛克门面上雕刻了云龙装饰。前门火车站则是一座比较典型的西方折中主义建筑，有高耸的钟塔，但拱形候车厅正面的两边也刻有龙的图案。

　　随着西方建筑文化的进入，传统的民居逐步被新式住宅所取代。近代民居变化最大的当属上海、天津、汉口、福州、青岛等大城市。与城市中的社会各阶层结构裂变相适应，民居可分成花园洋房、庭院式高级住宅、里弄等。

　　花园洋房是指那些具有外国建筑风格的独院式住宅，多为外国人、官僚、资本家等居住，其内庭院宽敞，设备齐全，装饰豪华，占地数亩至数百亩不等。建筑风格有意大利式、希腊式和中西合璧式。大约在 1847 年，上海外滩的花园洋房已粗具规模，成为当时上海最抢眼的一道风景线。后来，南京、北京等地还形成了一些花园住宅区。

　　花园庭院式住宅的代表当属犹太巨商哈同的爱俪园、晚清重臣李鸿章的丁香花园、盛宣怀故居、三井花园、马勒豪宅等。1910 年，哈同在上海发迹后，与其妻罗迦陵建成一座私人花园，占地 171 亩，命名为"爱俪园"。园内有楼 80 座，阁 8 个，台 12 个，亭 48 座，池塘 8 处，小榭 4 个，大院落 10 个，马路 9 条，并由亭台楼阁、假山池塘等组成 83 景，其中最著名的有"天演界"、"飞流界"、"文海阁"

等。所有这些景致多仿照《红楼梦》中大观园的设计。整个花园碧波荡漾，辉煌雅致，古色古香，是上海最豪华的私人花园，有"上海大观园"之称。丁香花园是上海滩百年来最负盛名、保存最完好的花园洋房之一，据传是李鸿章为其宠妾丁香兴建的私家花园，实为其小儿子李经方的住宅。该院占地40亩，由当时美国建筑大师罗杰斯设计，融西洋花园官邸与中国江南园林风格于一体，一半为西式园林，一半为中式园林。丁香花园故被时人誉为"上海名楼"。

早期的汇丰银行

里弄的典型代表是中西合璧、砖木结构的"联排房屋"。从这种居室的内部布局来看，每个居住单位主房居中，左右对称两个厢房，房前设置天井。而它的外观则完全是外来的建筑风格：楼房上下两层，各楼毗连，单调平直。这种联排式住房集中了中西民居建筑之长，并形成自己独特的风格，故迅速成为晚清都市中最大众化的居所。

民国时期，中国近代建筑业进入第一个发展时期。与以前相比，无论是公共建筑还是民宅居所都有了较大发展，不仅数量增多，而且质量提升，出现了许多高层的现代化大楼和经典的建筑实例。除皇宫王府、绅商豪宅以及一些偏僻地区仍保持着传统格局外，许多城市都在探寻新的发展道路。从建筑风格看，民国时期的城市大型建筑风格逐渐成熟并呈现多样化的趋势，中西建筑文化进一步交融，采用西方折中主义手法的建筑比比皆是，较为著名的如上海的沙逊大厦（今和平饭店）、永安公司、先施公司以及北京清华大学校园内的许多建筑。到20世纪30

哈同花园听风厅

哈同

年代初，中国的建筑师逐渐认识到传统建筑形式与现代技术、功能结合过程中的矛盾，并考虑到宫殿建筑造价昂贵的不利因素，开始大胆探索建筑上的"新民族形式"。这类建筑一般采用现代平面组合与形制构图，多用钢筋混凝土平屋顶，或用现代屋架的两坡屋顶，但在檐口、墙面、门窗等部分重点施以传统构建装饰，辅以传统花纹图案，目的是希望既兼顾新的建筑功能需要和现代技术特点，又能带有民族风格，因此，也有人称之为"现代化民族形式建筑"或混合式建筑。它为中国建筑的现代化与民族化做出了有益的探索，特别是对以后民族形式建筑的设计产生过深远的影响。

民国时期还出现了一批宫殿式的公共建筑。中山陵是近代宫殿式建筑最杰出的代表，也是中国建筑史上最重要的建筑之一。此外，还有前国民政府外交部大楼（今江苏省人大常委会办公厅楼）、国民大会堂（今南京人民大会堂）、国立美术馆（今江苏美术馆）、中国国货银行（今新街口邮局）、中央医院主楼（今南京军区总医院）、中山陵音乐台、紫金山天文台等。

约从20世纪20年代起，在山清水秀的庐山、莫干山、北戴河、青岛、鼓浪屿等地，官僚和豪商掀起了建别墅的风潮。据记载，仅庐山一地，从1885年到1949年就建有别墅800余幢，如江西都督李烈钧，蒋、宋、孔、陈四大家族，"小委员长"陈诚，汉奸汪精卫，国民政府主席林森等人均在此辟有别墅。其中最著名的是蒋介石和宋美龄的别墅——美庐。"美庐"二字为蒋介石亲手所书。美庐别墅前面有一条从山涧流出的小溪流，有大片雅致的竹林，有专供蒋、宋二人游泳的游泳池。此外，有宋美龄在副房墙根下亲手种植的美国凌霄花，有蒋介石在屋边亲

20世纪30年代的中山陵，树还未长大，空旷的台阶，十分有利于举行集会和仪式。

手种植的竹子。尤其是别墅院子中有一棵400年树龄的金钱松，一树分两支主干，蒋介石一直将其视为他和宋美龄婚姻的象征，称之为连理树。1939年，日军攻占庐山。在日军占领庐山期间，美庐别墅遭到无情的蹂躏。

清末民初，中国的居住建筑呈明显的两极分化状态，权贵与贫民在住宅的数量和质量上形成强烈反差，与花园洋房和独院式高级住宅形成鲜明对比的是大城市中贫民的棚户区。棚户区的特点是低矮、破烂、阴暗、潮湿，缺乏公共设施，卫生条件极差。棚房区大多坐落于城市租界的边缘或码头、车站、铁路附近。仅上海一地，估计新中国成立前夕，棚户总数即达20万户，居民将近百万人。

洋小伙和大清哥共乘一辆手推车

四、从旧式车马舟桥到新式交通工具

伴随着西方器物的传入，旧中国的交通工具发生了重大变革。一批近代新式交通工具纷纷登陆中国，并逐渐取代了旧式交通工具。

人力车发明于日本，最早于1874年传入中国。开始时其形制比较原始，两个轮子都是木制的，车轮声响很大，也很颠簸。后来，人力车逐渐改进，车轮和车轴换为滚珠轴承和条辐式，车胎改用橡皮胎和橡皮充气胎，木轮车基本绝迹。1874年法国人米拉率先从日本购置了300辆人力车，在上海法租界组建了第一家人力车公司，到1884年，上海公共租界人力车已达2000辆。人力车逐渐取代了轿子和马车，同电车、汽车并驾

一辆手推车可载十几人

青岛的人力车夫

《业车图》，拉车谋生的人。

马路上的喷水马车

齐驱，成为上海客运的主要交通工具。

　　大约在19世纪70年代，自行车开始传入我国，时人称之为"脚踏车"。当时外国人曾将一辆自行车进献给光绪帝，故光绪帝是较早骑上自行车的中国人。当时传入上海的自行车是一种前轮很大，后轮很小，用前轮带动后轮的自行车。到清末溥仪称帝时，自行车已经相当先进了。这位小皇帝十分喜爱骑自行车，因嫌紫禁城内门槛多，不便骑行，竟派人把许多地方的门槛锯掉。甲午战争前后，由于在华的外国人人数猛增，也由于自行车的改进，在通商口岸城市和京师等地，自行车已非稀有之物。1900年前后，内地一些省份，如江西、四川等也出现了自行车。苏州因骑车人很多，道路狭窄，官府还曾禁止自行车上路。当时自行车最多

Shanghai. - Ricshaw Stand.

黄包车最先在上海租界发展起来

209

最早的自行车

的城市是上海，至少有几百辆。1897年12月，3个外国人骑自行车环游地球，周游世界，经汉口、芜湖、苏州等地到达上海，住在上海的西方人也骑着数百辆自行车前往欢迎，成为轰动一时的新闻。随着19世纪末上海自行车的逐渐普及，一些店铺开展了修理、推销自行车的业务，并出现了自行车专卖店。但当时自行车价格昂贵，约80元，有些车行采取分期付款的方式。20世纪20年代初期，自行车在北京街头大量出现，逐渐成为一种新兴的代步工具。当时的自行车大部分都是英国制造的，以"三枪"、"韩"牌、"凤头"牌等高档名牌车为主，一般使用手闸，车型为二八型，车架选用优质钢材制造，骑起来轻便、快捷。到30年代，日本的"菊花"牌、"富士"牌自行车大量涌入我国市场。日本车一般都是二六型，采用压边车胎，比西洋自行车重，但载重能力也强，骑起来比较轻快，价格便宜，一般能被小康之家所接受，购买者大多是大学生和小职员。

汽车的出现是人类交通运输史上的一次革命。中国的第一辆汽车出现在1901年，当时上海的一位匈牙利人李恩时率先引进了两辆汽车，并于次年1月领到工部局颁发的第一张特别临时执照。这两辆轿车的外形与当时西方的敞

拥有自行车的富家子弟

《点石斋画报》中的自行车比赛。1897年，上海洋人为庆贺英国女王维多利亚登基60周年而举办的自行车比赛，可见当时自行车在上海已成为常见的代步工具。

年画中的天津马路

年画中的上海汽车电船图

篷马车相似，车的前排为单人驾驶座，后排为双人客座，车轮用木制轮辐、橡胶轮胎。此后外国人携汽车到上海的逐渐增多，一些达官显贵特别是外国殖民者和洋商富豪也开始购置汽车，成为早期上海汽车的拥有者。1902年，外国人赠给慈禧太后一辆德国杜伊尔汽车公司生产的第二代"奔驰"牌轿车。此车为长方形，以柴油为燃料，车上有前后两排座位，专供慈禧太后游览颐和园时乘坐。但由于司机座位在前面，慈禧坐在后面，她很不高兴，因此只乘坐了一次就弃之一边了。

光绪末年，由于中外通商日益繁多，进口汽车数量也随之增加。当时乘坐者大多为清朝显贵和洋务外交官员。执掌交通铁路大权的盛宣怀首先从上海购进一

拥有汽车的民国上层人士

上海法租界的有轨电车

辆"福特"牌汽车。之后曾任清政府邮传部尚书，后来任民国初年交通总长的梁敦彦也从塘沽进口了一辆美国制造的"凯迪拉克"牌汽车。1908年1月，察哈尔都统诚勋等人还先后呈请在蒙古地区开办汽车长途运输业务，这是中国人拟办的第一家汽车公司。同年春，商人吴远献还呈请京师内城巡警总厅，在京师开办市内汽车载客业务。1908年9月，美商环球供应公司百货商场购置了5辆"凯特勒克"牌汽车，开设汽车出租部，专门经营汽车出租业务，这是上海出租汽车之始，此后不断有人筹划开设出租汽车公司。但早期出租汽车费十分昂贵，每小时4至5元，几乎相当于学徒工一个月的薪水。当时社会舆论也普遍认为乘坐出租车是一种奢侈，早期乘坐者多为洋商或少数华人纨绔子弟、青楼妓女等。直到民国以后，上海的汽车出租业才真正发展起来。1912年，上海经登记的汽车已达1400余辆。

有轨电车几乎与汽车同时在我国登陆。1881年，当世界上第一辆有轨电车问世的时候，上海怡和洋行就向租界当局倡议在界内创办有轨电车，后不断有外国公司提出计划并进行招标设计，但因种种原因一直未能实现。19世纪末，英国人修建从北京到奉天（沈阳）的铁路，清政府视火车为怪物，不准进京，所以北京的第一座火车站就建在永定门外的马家堡。为使北京城与铁路线连接起来，外国人修建了一条从永定门到马家堡的有轨电车，全长15华里，后来被义和团拆毁，电车被砸，一直未能恢复。在北京之后，天津也铺设了有轨电车。1905年，天津世昌洋行多方活动，经直隶总督袁世凯批准，取得了电车承办权，筹措资本25万镑独家承办天津电车、电灯业务。1906年2月轨道铺成并试行，数日后正式运营。这是除北京永定门至马家堡电车外，电车首次在中国城市内通行，也是中国首次

上海法租界霞飞路上的有轨电车

上海南京路有轨电车与小汽车并行

引入西方现代交通工具以改善城市公共交通问题。1905年，上海几家外国公司获得在租界创办电车的专营权。1907年，电车轨道、电线杆、架空线、车站相继完成。1908年1月，英商电车开始在爱文义路（今北京西路）试车。3月，上海第一条有轨电车线路正式通车运营，成为贯通公共租界的东西干道，全长3.75英里。此后电车公司又开辟了几条线路，逐渐形成公共租界最初的线路网络。

电车正式投入运营后，电车公司制定了一系列旨在保证电车正常运行和行车秩序的规章制度。规定员工必须上班准时、制服整洁、礼貌待客、在行车中售客票、及时预报站名、不准闲谈、严禁吸烟、爱护公物、不许赌博、不准在车上吐痰、不准妨碍他人、不准与司机谈话、醉酒与衣衫污秽或患有传染病者不准登车等等。这些规章制度所体现的是一种职业规范，保证了电车运营和城市交通秩序。早期电车票价分为两个等级，主要目的是限制"华洋杂乘"。当时外国人自备汽车的不多，又不愿与华人同坐一个车厢。因此租界当局与电车公司签订合同时就达成一致，头等厢供外国人乘坐，二等厢留给华人。

在道路建设方面，清末民初变化最大的是铁路的出现。1865年，英国商人杜兰德在北京宣武门外购置了一块地皮，修建了一条一华里多长的小铁路。试车时吸引了北京的许多市民，他们看到一个黑色怪物喷着浓烟，吐着火舌，拉着一间小房子，号叫着在两条铁轨上来回飞跑，觉得十分新奇。清廷得知此事后，认为火车是洋人带来的怪物，会动摇大清的根基，遂以"观音骇怪"为由，下令将小铁路拆毁。这是中国修建铁路的第一次尝试。1885年，李鸿章为了迎合慈禧太后对铁路的好奇心和享乐欲望，在北京中南海和北海修建了一条轻便的小铁路。当时慈禧太后每天在勤政殿上朝后到北海静清斋吃午饭和睡觉，就乘坐这辆小火车。但慈禧太后认为火车头声音太大，害怕震坏皇城气脉，也不愿火车司机坐在她前面，不准火车使用机车，命令几十名太监在车厢上拴上绳子，拉着往前跑。

清末，西方列强掀起瓜分中国的狂潮，争抢在中国的铁路修筑权和经营权，在中国兴起修筑铁路的高潮。这一时期外国修建的铁路主要有：俄国修筑的东清铁路、德国修筑的胶济铁路、法国修筑的滇越铁路。清政府"借款"修筑的铁路有卢沟桥至汉口铁路、开封至洛阳铁路、上海至南京铁路、天津至浦口铁路等。从1904年至1911年共修建了约4963.7公里，其中，由清政府自筹款和商办的约占21%，清政府向外国借款修建的占58%，外国直接投资的约有21%。除上述主要干线外，还有京奉铁路、京汉铁路、京张铁路等。

我国第一条自主修建的铁路是京张铁路，它在中国铁路史上具有十分重要的意义。1903年清政府决定由中国人自己修筑北京至张家口的铁路，并任命詹天佑为总工程师。詹

詹天佑

京张铁路通车典礼

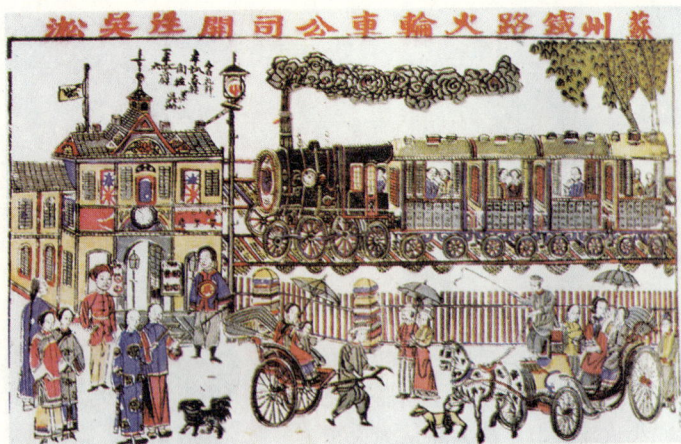

由苏州开往吴淞的火车

天佑是美国耶鲁大学铁路工程专业的毕业生，曾先后参加过多条铁路的修筑，显示出非凡的才能。京张铁路全长201公里，其中由南口经居庸关至岔道，要穿越燕山山脉，深涧巨壑，修筑十分困难。詹天佑克服恶劣的条件，严格坚持技术标准，采取分段施工、分段通车的办法，在青龙桥地段筑成"之"字形路线，用掉头互相推挽的办法解决了引力不足的问题。前后仅用4年时间，京张铁路即胜利竣工，比预计工期提前两年，完全达到了詹天佑预想的"花钱少，质量好，完工快"的要求。京张铁路通车后，中国人无不为之扬眉吐气。

清末民初，航运业也获得了很大发展。第一次鸦片战争后，外国船只就开始任意航行于中国沿海，广州、香港、九龙、上海、厦门、福州等地都设有外国人经营的船厂和船舶修造厂。到1865年，中国各商埠进出口外国的船舶已达16 625艘，进出口船舶总吨数达到7 136 301吨。从19世纪60年代开始，在洋务运动的

中国人自办的唐胥铁路

晚清北京铁路局的机车

轮船招商局

积极推动下，中国近代造船业得以发端。
1861年，曾国藩设立了安庆军械所。此后，
中国又先后出现江南制造总局、福州船政
局、黄浦船局、天津机器局、北洋水师大
沽船坞、北洋水师旅顺船坞等造船基地。至此，中国进入了自主造船时期。

中国的民用轮船业也开始于洋务运动时期。1872年，轮船招商局在上海成立，
开中国轮船运输业之先河。轮船招商局后来在天津、牛庄、烟台、广州、香港以
及横滨、神户、新加坡等处设立分局，势力迅速扩大。19世纪90年代以后，在上
海、汕头、广州、杭州等几个大口岸，还陆续出现了不少小型轮船公司，其中资
本额在5万元以上的就有64家。中国轮船在通商口岸进出口的数量也很快增加。
据统计，1877年，各口岸进出中国轮船5104只，总吨位达3 908 034吨，占中外
轮船总吨位的36.7%。但由于帝国主义与封建主义的双重压迫，中国的轮船航运
业发展十分缓慢，到1907年时，中国只占中外轮船总吨位的15.6%。

鸦片战争后，西方的航空知识传入我国。1909年，中国从法国购入一架克姆
式双翼飞机并运抵上海，由法国人驾驶进行了飞行表演。这是中国进口的第一架
飞机。1910年，清政府向法国购买了一架法曼式双翼飞机。当时中国还没有飞机
场，因而把它停到原来用于练兵的南苑操场，并在此开设飞机试验工场，修建了
一座棚式飞机房。1910年，军谘府命李宝焌等人在北京西苑五里甸创建了飞机试
验场，购买法国沙麦式双翼飞机一架，作为培训飞行员的练习机。同年，军谘大
臣载涛呈进飞机模型一架给摄政王载沣，并在载沣宅邸内试飞，使清廷最高统治
者了解了飞机这一新式交通工具。这些标志着中国航空事业的开端。

中国人在探索发展航空事业的过程中，涌现出一大批成就非凡的先驱者。
1909年9月，华侨冯如在旧金山制造飞机，并试飞成功，这是中国人第一次驾驶
自己制造的飞机成功飞行。1911年春，冯如携其飞机归国，并在广州郊区试飞，国

民国初年的飞机运输

内舆论争相报道，轰动一时。不幸的是，1912年8月25日，冯如在广州燕塘表演飞行时飞机失事，不幸牺牲，年仅29岁。与冯如齐名的另一位早期航空先驱者是谭根。他原籍广东开平，1889年生于美国旧金山，飞行技术高超，获得过美国加利福尼亚飞行协会证书、万国飞行协会证书，是美国航空学会会员。他先后飞行400次之多，在国内外受到广泛赞誉，被誉为"东亚飞行界第一人"。

1911年在香港举行的一次飞机试飞。获邀参加这次试飞的包括当时的港督卢押爵士，但由于风太大，未能起飞，至风停后，港督及大部分宾客都离开了。

图书在版编目（ＣＩＰ）数据

衣食住行与风俗／刘建美编著．—太原：山西人民出版社，
2007.5（2014.4 重印）
（中华五千年文明图说）
ISBN 978 － 7 － 203 － 05799 － 4

Ⅰ.衣... Ⅱ.刘... Ⅲ.①社会生活 – 史料 – 中国 – 图解
②风俗习惯史 – 中国 – 图解 Ⅳ.D 691.9 – 64 K 892 – 64

中国版本图书馆 CIP 数据核字（2007）第 047962 号

衣食住行与风俗

编　　著：刘建美
责任编辑：蒙莉莉
装帧设计：田　玫

出 版 者：山西出版传媒集团·山西人民出版社
地　　址：太原市建设南路 21 号
邮　　编：030012
电　　话：0351 – 4922220（发行中心）
　　　　　0351 – 4922208（综合办）
E – mail：Fxzx@ sxskcb. com
　　　　　Web@ sxskcb. com
　　　　　Renmshb@ sxskcb. com
网　　址：www. sxskcb. com

经 销 者：山西出版传媒集团·山西人民出版社
承 印 者：山西出版传媒集团·山西新华印业有限公司

开　　本：787mm × 1092mm
印　　张：14. 375
字　　数：122 千字
印　　数：11 001 – 15 000 册
版　　次：2007 年 5 月第 1 版
印　　次：2014 年 4 月第 3 次印刷
书　　号：ISBN 978 – 7 – 203 – 05799 – 4
定　　价：29. 80 元